JN028576

令和6(2024)年度版

賃貸不動産経営管理士
過去問題集

賃貸不動産経営管理士資格試験対策研究会／編著

大成出版社

はしがき

日本における人々の住まいのうち、賃貸住宅の占める割合は高まり、今では30％近くが賃貸住宅です。人々の安心で安全な生活環境のために、賃貸住宅の適正な管理が強く必要とされるようになりました。

そこで、2020（令和２）年６月、賃貸住宅の管理業務等の適正化に関する法律（賃貸住宅管理業法）が成立しました。賃貸住宅管理業法のもとでは、賃貸住宅管理業者は、賃貸住宅管理業者の各営業所または事務所に１人以上の業務管理者を配置することが義務づけられ、賃貸不動産経営管理士は、この業務管理者となりうる資格として位置づけられています。賃貸不動産経営管理士は、いまや不動産業の従事者にとって、宅地建物取引士とならんで、業務を行うために必要不可欠な国家資格です。

資格の重要性を反映し、賃貸不動産経営管理士の受験者数も増加しています。任意の登録制度がスタートした2016（平成28）年には13,149名であった受験者が、2023（令和５）年には28,299名に増えました。今後さらに人気が高まっていくものと思われます。

試験問題と合格点を見ると、2021（令和３）年からは賃貸住宅管理業法から出題されることになって出題範囲は広がり、また2023（令和５）年の合格点は36点という高水準となっています。受験勉強に真剣に取り組まなければ、合格することはできません。

とはいえ、国家試験は、ほぼ過去に出題された事項から出題されますので、過去問を徹底的に理解することが合格のための最短距離です。本書では丁寧に過去問を記載して、解説しました。

本書をご利用いただくことによって無事に試験に合格していただけることを確信しています。読者の皆様の合格を祈念いたします。

2024（令和６）年４月

賃貸不動産経営管理士資格試験対策研究会

学習の仕方について

第1 本書の構成

【過去問】は全体で150問あり、本試験（R3～R5）で出された問題を年度別に収録しています。

第2 過去問（第1部）

1 問題数と傾向

各編の冒頭に、それぞれの分野から出題される問題の数と出題の傾向を説明しました。問題をはじめるまえに、一読し、全体像を把握しておくことをお勧めします。

（本試験の問題数と傾向）

試験項目	R1 40問	R2 50問	R3 50問	R4 50問	R5 50問
イ　管理受託契約	7	8	5	5	5
ロ　維持保全	8	8	14	14	14
ハ　金銭管理	3	3	3	3	3
ニ　賃貸借契約	8	10	6	6	6
ホ　管理業法 （R3までは任意の制度）	4	5	13	13	13
ヘ　その他 （管理実務）	10	16	9	9	9

（注）R２までとR３以降では出題分野の分類方法が異なるため、R２までの出題数はおおよその分類をしたもの

2 問題・解説等

収録した問題は、重要度に応じてA、B、Cの順にランク分けし、テーマ（（例）「変更契約の締結時書面等」）を示していますので、どのような視点から出されているのか理解するのに役立ちます。

解答とともに、問題のそれぞれの肢に対応した解説を加えています。

また、必要に応じて、コラム欄（チェック）で問題の趣旨や出題傾向等について説明するとともに、重要ポイントをまとめた 要点（図版）を掲載していますので、あわせてご参照いただきたいと思います。

3 試験範囲について

賃貸住宅管理業法のもとでは、一般社団法人賃貸不動産経営管理士協議会が、国土交通大臣の登録を受けて、業務管理者としての資格を認めるための登録証明事業を行うので、賃貸不動産経営管理士試験の試験範囲（④頁参照）も、規則に基づくものとなっています。

本年度の試験を勝ち抜くためには、賃貸住宅管理業法を理解するとともに、その他の事項についても、過去問を中心に基礎的な知識を身につける学習が有用です。

受験ガイダンス

賃貸不動産経営管理士試験は、(一社)賃貸不動産経営管理士協議会が、賃貸住宅の管理業務等の適正化に関する法律第12条第4項の知識及び能力を有すると認められることを証明する事業(＝登録試験を行う登録証明実施機関として国土交通大臣の登録を受けた場合、同法律における「登録試験」)として実施されます。

【令和6年度試験の概要】

日時	令和6(2024)年**11月17日**(日)13:00～15:00(120分間)
出題形式	四肢択一・50問 ※ただし、免許講習(令和4年度及び令和5年度)修了者は45問です。
受験料	12,000円
受験要件	どなたでも受験できます。
申込受付	令和6年8月1日(木)～9月26日(木) ※資料請求期間は令和6年9月19日(木) PM12:00まで
実施地域	北海道、青森、岩手、宮城、福島、群馬、栃木、茨城、埼玉、千葉、東京、神奈川、新潟、石川、長野、静岡、岐阜、愛知、三重、滋賀、奈良、京都、大阪、兵庫、島根、岡山、広島、山口、香川、愛媛、高知、福岡、熊本、長崎、大分、宮崎、鹿児島、沖縄
合格発表	令和6(2024)年12月26日(木)予定
試験範囲	イ　管理受託契約に関する事項 ロ　管理業務として行う賃貸住宅の維持保全に関する事項 ハ　家賃、敷金、共益費その他の金銭の管理に関する事項 ニ　賃貸住宅の賃貸借に関する事項 ホ　法に関する事項 ヘ　イからホまでに掲げるもののほか、管理業務その他の賃貸住宅の管理の実務に関する事項 ※問題中法令に関する部分は、令和5年4月1日現在施行されている規定(関係機関による関連告示、通達等を含む)に基づいて出題する。

<想定される賃貸不動産経営管理士試験の内容>

イ　管理受託契約に関する事項	管理受託契約の締結前の書面の交付、管理受託契約の締結時の書面の交付、管理受託契約における受任者の権利・義務、賃貸住宅標準管理委託契約書 等
ロ　管理業務として行う賃貸住宅の維持保全に関する事項	建築物の構造及び概要、建築設備の概要、賃貸住宅の維持保全に関する管理実務及び知識、原状回復 等
ハ　家賃、敷金、共益費その他の金銭の管理に関する事項	家賃、敷金、共益費その他の金銭の意義、分別管理 等
ニ　賃貸住宅の賃貸借に関する事項	賃貸借契約の成立、契約期間と更新、賃貸借契約の終了、保証、賃貸住宅標準契約書、サブリース住宅標準契約書 等
ホ　法に関する事項	賃貸住宅の管理業務等の適正化に関する法律、サブリース事業に係る適正な業務のためのガイドライン、特定賃貸借標準契約書 等
ヘ　イからホまでに掲げるもののほか、管理業務その他の賃貸住宅の管理の実務に関する事項	賃貸不動産の管理業務を行うに当たり関連する法令、賃貸不動産管理の意義と社会的情勢、賃貸不動産経営管理士のあり方、入居者の募集、賃貸業への支援業務 等

【過去の試験結果等】

回	実施年月日	申込者	受験者	合格者数	合格率	合否判定基準
5	平成29年11月19日(日)	17,532	16,624	8,033	48.3%	27問以上
6	平成30年11月18日(日)	19,654	18,488	9,379	50.7%	29問以上
7	令和元年11月17日(日)	25,032	23,605	8,698	36.8%	29問以上
8	令和2年11月15日(日)	29,591	27,338	8,146	29.8%	34問以上
9	令和3年11月21日(日)	35,553	32,459	10,240	31.5%	40問以上
10	令和4年11月20日(日)	35,026	31,687	8,774	27.7%	34問以上
11	令和5年11月19日(日)	31,547	28,299	7,972	28.2%	36問以上

【賃貸不動産経営管理士講習(試験の一部免除)】

「賃貸不動産管理の知識と実務」(賃貸不動産経営管理士協議会/発行)を教材に使用し、賃貸管理業務に必要な専門知識の習得と実務能力を高めていただくための講習です。

※本講習の修了者は賃貸不動産経営管理士試験において、試験の一部(5問)が免除されます。(修了から2年間有効)

受講修了者には試験50問から5問が免除されます。

開催期間:令和6 (2024) 年7月~9月

※詳細については、5月以降、協議会HPにて確認できます。

【試験に関する問合せ等】

一般社団法人賃貸不動産経営管理士協議会　受付センター

TEL0476－33－6660(平日10時~17時)

賃貸不動産経営管理士公式ホームページ:https://www.chintaikanrishi.jp/

●目次

●ご購読者限定!●

令和6(2024)年度本試験に向けての総仕上げ

予想問題ダウンロードサービスのご案内

本書をご利用のご購読者限定の特典として、本試験直前の予想問題を、ダウンロードサービスによってご提供いたします(サービス開始は2024年8月末を予定)。

■令和6年度本試験　直前対策予想問題(模試)(全50問)
「ダウンロード」の方法は、つぎのとおりです。

❶URLからのアクセス

https://www.taisei-shuppan.co.jp/support/9470.html

❷QRコードからのアクセス

※アクセス後、下記のパスワードを入力するとダウンロードできます。

パスワード:N5yGRUb3

令和５年度
賃貸不動産経営管理士試験問題

令和5年11月19日

●四肢択一式 50 問　●120 分

管理受託契約重要事項説明❶

▶R05　問01　重要度A

賃貸住宅の管理業務等の適正化に関する法律（以下、各問において「賃貸住宅管理業法」という。）に定める賃貸住宅管理業者が管理受託契約締結前に行う重要事項の説明（以下、各問において「管理受託契約重要事項説明」という。）に関する次の記述のうち、誤っているものはいくつあるか。

ア　業務管理者ではない管理業務の実務経験者が、業務管理者による管理、監督の下で説明することができる。

イ　賃貸人の勤務先が独立行政法人都市再生機構であることを確認の上、重要事項説明をせずに管理受託契約を締結することができる。

ウ　賃貸人本人の申出により、賃貸人から委任状を提出してもらった上で賃貸人本人ではなくその配偶者に説明することができる。

エ　賃貸人が満18歳である場合、誰も立ち会わせずに説明することができる。

❶　なし
❷　1つ
❸　2つ
❹　3つ

ア　正しい

重要事項説明の実施者に法律上制限はなく、業務管理者ではない者が、重要事項説明をすることが可能である（「解釈・運用の考え方」第13条関係１）。

イ　誤り

賃貸人（委託者）が、独立行政法人都市再生機構であれば、管理受託契約を締結するために、重要事項説明をする必要はないが（賃貸住宅管理業法13条１項かっこ書き、同法施行規則30条７号）、賃貸人が独立行政法人都市再生機構に勤務する者にすぎない場合には、重要事項説明が必要である。

ウ　正しい

相手方本人の意思により、委任状等をもって第三者に代理権を付与している場合には、代理権を授与された第三者（代理人）に対して重要事項説明を行うことができる（「FAQ 集」３．事業関連（受託管理）（２）管理受託契約に係る重要事項説明等 No.8）。

エ　正しい

年齢18歳をもって成年となるから（民法４条）、賃貸人が満18歳であれば、単独で説明を受けることができる。

誤っているのは、イのひとつである。

正解　❷

賃貸住宅管理業法上の**管理受託契約の重要事項説明**は、本試験において、極めて重要なテーマです。令和３年に同法が完全施行された後、令和５年までの３年間の本番試験において、令和５年３問（第１問～第３問）、令和４年（第１問、第２問）、令和３年３問（第１問～第３問）と、**連続して複数問が出題**されています。

本問では重要事項説明の説明方法と説明の相手方について、業務管理者や未成年者など、さまざまな視点からの理解が問われる問題になっています。

管理受託契約重要事項説明❷

▶R05　問02　重要度A

管理受託契約重要事項説明に関する次の記述のうち、正しいものはどれか。

❶　管理業務の実施方法に関し、回数や頻度の説明は不要である。

❷　入居者からの苦情や問い合わせへの対応を行う場合、その対応業務の内容についての説明は不要である。

❸　管理業務を実施するのに必要な水道光熱費が報酬に含まれる場合、水道光熱費の説明は不要である。

❹　賃貸人に賠償責任保険への加入を求める場合や、当該保険によって補償される損害について賃貸住宅管理業者が責任を負わないこととする場合、その旨の説明は不要である。

❶ 誤り

管理業務の内容および実施方法を説明する際には、管理業務（賃貸住宅管理業法２条２項）の内容を、回数や頻度を明示して可能な限り具体的に説明しなければならない（「解釈・運用の考え方」第13条関係２（３））。

❷ 誤り

管理業務と併せて入居者からの苦情や問い合わせへの対応を行う場合は、その内容についても可能な限り具体的に説明しなければならない（「解釈・運用の考え方」第13条関係２（３））。

❸ 正しいので、正解

報酬とその支払の時期方法（同法施行規則31条４号）が説明事項だが、水道光熱費が報酬に含まれていれば、水道光熱費は説明事項には含まれない（水道光熱費が報酬に含まれていなければ、水道光熱費は「報酬に含まれていない管理業務に関する費用」として説明対象となる（同法施行規則31条５号。「解釈・運用の考え方」第13条関係２（５））。

❹ 誤り

責任および免責に関する事項が説明事項とされており（同法施行規則31条７号）、賃貸人が賠償責任保険等への加入をすること、その保険に対応する損害については賃貸住宅管理業者が責任を負わないことは、いずれも責任および免責に関する事項になるから、説明が必要である（「解釈・運用の考え方」第13条関係２（７））。

正解　❸

本問は、管理受託契約の重要事項説明の説明事項の問題です。法律や政省令だけではなく、「解釈・運用の考え方」を知らなければ解くことができません。出題者は、賃貸不動産経営管理士が実務を行うにあたっては、**重要事項説明について、「解釈・運用の考え方」を細大もらさず理解していなければならない**と考えており、今後とも説明事項に関する深い知識が問われるものと予想されます。

管理受託契約重要事項説明❸

▶R05　問03　重要度A

管理受託契約変更契約の重要事項説明を電話で行う場合に関する次の記述のうち、正しいものはいくつあるか。

ア　賃貸人から賃貸住宅管理業者に対し、電話による方法で管理受託契約変更契約の重要事項説明を行ってほしいとの依頼がなければ行うことはできない。

イ　賃貸人から電話による方法で重要事項説明を行ってほしいとの依頼があった場合でも、後から対面による説明を希望する旨の申出があった場合は、対面で行わなければならない。

ウ　賃貸人が、管理受託契約変更契約の重要事項説明書を確認しながら説明を受けることができる状態にあることについて、重要事項説明を開始する前に賃貸住宅管理業者が確認することが必要である。

エ　賃貸人が、電話による説明をもって管理受託契約変更契約の重要事項説明の内容を理解したことについて、賃貸住宅管理業者が重要事項説明を行った後に確認することが必要である。

❶　1つ
❷　2つ
❸　3つ
❹　4つ

ア　正しい

管理受託契約の変更契約は、賃貸人から依頼があるなどの要件をみたせば、電話で行うことができる。依頼がなければ電話で説明を行うことはできない。

イ　正しい

電話により依頼があった後に、対面またはITの活用を希望する旨の申出があったときは、申出のあった方法によって説明をしなければならない（「解釈・運用の考え方」第13条関係4　管理受託契約重要事項説明にITを活用する場合について（3）その他）。

ウ　正しい

賃貸人が重要事項説明書等を確認しながら説明を受けることができる状態にあることの確認は、電話による説明の要件である（「解釈・運用の考え方」第13条関係4　管理受託契約重要事項説明にITを活用する場合について（3）その他）。

エ　正しい

電話による説明を行った場合には、賃貸人が説明を理解したことについて、説明の後に確認しなければならない（「解釈・運用の考え方」第13条関係4　管理受託契約重要事項説明にITを活用する場合について（3）その他）。

ア、イ、ウ、エ　いずれも正しいので、正しいものは4つである。

正解 

本問は、管理受託契約の変更契約を電話で行う場合の取扱いを問う問題です。

管理受託契約を締結するにあたっての重要事項説明は本来対面またはITの活用によることが必要であるところ、変更契約に限っては電話による方法での説明が認められるというのは、令和5年3月に国土交通省が新たに設定して公表したルールです（「賃貸住宅の管理業務等の適正化に関する法律の解釈・運用の考え方」新旧対照条文（2023年3月31日改正）、第13条関係）。このように新たに設定されたルールが同じ年の11月に行われる試験での題材とされており、出題者は賃貸住宅管理業法については、広く深く、かつ最新の知識を学んでおかなければならないと考えていることがあらわれています。

変更契約の締結時書面

▶R05　問04　重要度A

管理受託契約の契約期間中に変更が生じた場合の賃貸住宅管理業者の対応に関する次の記述のうち、最も適切なものはどれか。

❶　契約期間中に再委託先を変更したが、賃貸人に変更を通知しなかった。
❷　管理受託契約が締結されている賃貸住宅が売却されて賃貸人が変更されたが、当該管理受託契約には変更後の賃貸人に地位が承継される旨の特約があったため、変更後の賃貸人に、管理受託契約の内容を記載した書面を交付しなかった。
❸　契約期間中に賃貸住宅管理業者が商号を変更したが、組織運営に変更のない商号変更だったので、賃貸人に対し、その旨を通知しただけで、賃貸人に管理受託契約の締結時に交付する書面を再び交付することはしなかった。
❹　賃貸住宅管理業法施行前に締結された管理受託契約であったため、それまで契約の事項を記載した書面を交付していなかったが、管理業務の報酬額を変更するにあたり、賃貸人に変更後の報酬額のみを記載した書面を交付した。

❶ 不適切

契約期間中の再委託先の変更は形式的な変更だから、変更について改めて重要事項説明を行わなくてもよいが、再委託先が変更した場合には、書面または電磁的方法により賃貸人に知らせることは必要である（FAQ集３（２）No.15)。

❷ 不適切

相続やオーナーチェンジで賃貸人が変更した場合、同一の内容で契約が承継される場合があるが、新たな賃貸人に契約の内容が分かる書類を交付することが望ましい（「解釈・運用の考え方」第13条関係３、FAQ集３（２）No.16)。

❸ 最も適切なので、正解

契約の同一性を保ったままで契約期間のみを延長することや、組織運営に変更のない商号又は名称等の変更等、形式的な変更については、管理受託契約締結時書面の交付（賃貸住宅管理業法14条）は不要である（「解釈・運用の考え方」第14条第１項関係２　管理受託契約変更契約の締結に際しての管理受託契約締結時書面の交付について)。

❹ 不適切

賃貸住宅管理業法施行前に締結された管理受託契約について、契約期間中に説明事項に変更が生じる場合には、所定のすべての事項を記載した書面を交付しなければならない（「解釈・運用の考え方」第13条関係１、FAQ集３（２）No.12)。変更後の報酬額のみを記載した書面を交付するだけは足りない。

正解　❸

チェック

本問は、管理受託契約の契約締結時書面等の問題です。契約締結時書面は、重要事項説明とともに大事な制度なので、令和４年と令和５年で続けて出されました。これからも出題されると思われます。

なお、本問は、契約期間中に変更が生じた場合の扱いが取り上げられています。細かい知識ですが、出題者から、受験生に対して、重要事項説明と契約締結時書面については必ず学習しておくようにというメッセージであると理解するべきでしょう。

委　任

▶R05　問05　重要度A

賃貸住宅管理業者であるAと賃貸人Bとの間の管理受託契約における、家賃等の金銭管理を行う業務についての次の記述のうち、最も適切なものはどれか。

❶　AはBの指揮命令に従い金銭管理を行う必要がある。

❷　Aは金銭管理を行う際、自らの財産を管理するのと同程度の注意をもって行う必要がある。

❸　Aが自己の財産と区別して管理しているBの金銭に利息が生じた際、この利息を除いた額をBに引き渡すことができる。

❹　Aは、Bの承諾があれば、金銭管理を行う業務を第三者に再委託することができる。

❶　不適切

AB 間の管理委託契約は準委任である（民法656条）。委任（準委任）において、自らの判断によって受任者は事務処理を行うものであって、委任者の指揮命令に従って事務処理を行うものではない。

❷　不適切

受任者は、委任の本旨に従い、善良な管理者の注意をもって、委任事務を処理する義務を負う（民法644条）。自らの財産を管理するのと同程度の注意では不十分である。

❸　不適切

受任者は、委任事務を処理するに当たって受け取った金銭その他の物を委任者に引き渡さなければならない（民法646条１項）。Aは利息も、Bに引き渡さなければならないのであって、Bに引き渡す金銭から、利息を差し引くことはできない。

❹　**最も適切なので、正解**

受任者は、委任者の許諾を得たとき、またはやむを得ない事由があるときでなければ、復受任者を選任することができないが（民法646条の２第１項）、委任者の許諾を得たとき、またはやむを得ない事由があれば、例外として、復受任者を選任することができる。

正解　❹

本問は、問題文からはわかりづらいのですが、委任契約の性格や民法上の規定の理解を問う問題です。委任契約と結びつける点においては難易度が高いものの、委任契約の内容を問うという点では、基本的なことがきかれています。

管理受託契約については、試験では、賃貸住宅管理業法における取扱いが多く問われていますが、そもそも**管理受託契約は、委任（準委任）の性格を有する契約であり、賃貸住宅管理業法における取扱いはその応用問題**となります。管理受託契約の基本となる委任（準委任）については、過去にも繰り返し出題されていますし、これからも出題されることになります。

法令に基づく設備の検査

▶R05　問06　重要度B

法令に基づき行う設備の検査等に関する次の記述のうち、誤っているものはどれか。

❶　浄化槽の法定点検には、定期検査と設置後等の水質検査があるが、その検査結果は、どちらも都道府県知事に報告しなければならないこととされている。

❷　自家用電気工作物の設置者は、保安規程を定め、使用の開始の前に経済産業大臣に届け出なければならない。

❸　簡易専用水道の設置者は、毎年１回以上、地方公共団体の機関又は厚生労働大臣の指定する機関に依頼して検査し、その検査結果を厚生労働大臣に報告しなければならない。

❹　消防用設備等の点検には機器点検と総合点検があるが、その検査結果はどちらも所轄の消防署長等に報告しなければならない。

❶ 正しい

浄化槽は毎年1回定期検査を行い（浄化槽法11条1項）、使用開始後3か月を経過した日から5か月の間に行う設置後の水質検査を行わなければならない（同法7条1項）。いずれの検査も都道府県知事への結果報告の義務がある。

❷ 正しい

自家用電気工作物の設置者は、保安規程を定め、使用の開始の前に経済産業大臣に届け出なければならない（電気事業法42条1項）。

❸ 誤っているので、正解

簡易専用水道については、1年以内に1回地方公共団体の機関または厚生労働大臣の指定する機関の検査を受けなければならないが（水道法34条の2第2項、同法施行規則56条）、報告先は、厚生労働大臣ではなく、保健所である（水道法施行細則24条1項）。

❹ 正しい

機器点検（機器の外観、機能および作動状況の確認。6か月に1回）と、総合点検（設備全体の作動状況の確認。1年に1回、共同住宅の場合は3年に1回）（消防法17条の3の3、同法施行規則31条の6、平成16年5月31日消防庁告示第9号）のいずれについても消防署長等への報告が必要である。

本問は、設備の検査に関する出題です。法令に基づく検査の知識の問題であって、かなり細かい知識が問われているようにも思われます。しかし、賃貸住宅管理を行うにあたって、**設備点検についての法規制は、基本**です。出題者は、賃貸住宅管理の実務に携わる賃貸不動産経営管理士にとっては必要知識であって、きちんと学んでおかなければならない事項と考えているようです。

居住用賃貸借契約に定められる約定

▶R05　問07　重要度B

次の記述のうち、居住用賃貸借契約に定める約定として不適切なものはいくつあるか。

ア　賃借人が支払を怠った賃料の合計額が賃料３か月分以上に達したとき、賃貸人は無催告にて賃貸借契約を解除し、賃借人の残置物がある場合はこれを任意に処分することができる。

イ　賃借人が支払を怠った賃料の合計額が賃料３か月分以上に達したとき、連帯保証人は、無催告にて賃貸借契約を解除し、賃借人の残置物がある場合はこれを任意に処分することができる。

ウ　賃借人が契約期間満了日に貸室を明け渡さなかった場合、賃借人は契約期間満了日の翌日から明渡しが完了するまでの間、賃料相当額の損害金を賃貸人に支払うものとする。

エ　賃借人が契約期間満了日に貸室を明け渡さなかった場合、賃借人は契約期間満了日の翌日から明渡しが完了するまでの間、賃料の２倍相当額の使用損害金を賃貸人に支払うものとする。

❶　1つ
❷　2つ
❸　3つ
❹　4つ

ア　不適切

賃借人の残置物がある場合はこれを任意に処分することができるという特約は、公序良俗に違反し、無効である（民法90条）。

イ　不適切

連帯保証人が無催告解除できるという特約は消費者契約法に違反し無効である（消費者契約法10条。最判令４.12.12裁判所ウェブサイト）。賃借人の残置物がある場合はこれを任意に処分することができるとの定めも、公序良俗に違反し無効である。

ウ　適切

使用損害金（賃借人の貸室占有による賃貸人の損害）は特約がなくても認められるが、特約があれば有効である。

エ　適切

使用損害金を賃料相当額の倍額と定める特約（倍額特約）は、有効である。

不適切なものは、ア、イの２つである。

正解 

本問は、賃貸住宅管理における賃料不払いと解除の問題です。賃料不払いの対応は賃貸不動産経営管理士が身につけておかなければならない知識であることから、取り上げられています。契約書上に定める約定の効力を中心にして、実務の観点からの作問となっていますが、いずれの肢も、賃貸借に関する基本事項が問われています。特に、**賃料回収を適法に行うことは、賃貸不動産経営管理士の信頼の基盤です。**法令を遵守した適法な業務なのかどうかはしばしば試験問題になっています。

管理業者の定期報告

▶R05　問08　重要度B

管理受託契約における委託者への賃貸住宅管理業法に基づく定期報告に関する次の記述のうち、誤っているものはどれか。

❶　賃貸住宅管理業法施行前に締結された管理受託契約を同法施行後に更新した場合は、期間の延長のみの形式的な更新であっても、更新後の契約においては報告を行うべきである。

❷　賃貸住宅管理業法施行前に締結された管理受託契約が更新される前に、契約期間中に当該管理受託契約の形式的な変更とは認められない変更を同法施行後に行った場合は、変更後の契約においては報告義務が生じる。

❸　賃貸住宅管理業法上、書面による定期報告が義務付けられている事項は、「管理業務の実施状況」、「入居者からの苦情の発生状況」、「家賃等金銭の収受状況」の３つである。

❹　管理業務報告書の交付方法は書面だけではなく、メール等の電磁的方法によることも可能だが、賃貸人が報告書の内容を理解したことを確認する必要がある。

要点　委託者への定期報告義務（法20条）

(1)　**定期報告の時期・頻度**	●管理受託契約を**締結した日から、１年を超えない期間ごと**に、定期的に行う ※管理受託契約の期間の満了後にも、遅滞なく報告をしなければならない
(2)　**定期報告の報告事項**	●報告の対象期間 ●管理業務の実施状況 ●賃貸住宅の入居者からの苦情の発生状況・対応状況
(3)　**定期報告の方法**	●管理業務報告書を作成し、これを委託者に交付して報告する ●電磁的方法の利用も可能とされている

❶ 正しい

賃貸住宅管理業法施行前に締結された管理受託契約については、定期報告義務の規定は適用されないが（附則３条）、法施行後に管理受託契約が更新された場合においては、形式的な変更であっても、更新後には賃貸人に対して定期報告を行うべきである（「解釈・運用の考え方」第20条関係１）。

❷ 正しい

法施行前に締結された管理受託契約について、法施行後に形式的な変更とは認められない変更を行った場合は、法施行後に締結された契約と同様に定期報告を行う必要がある（賃貸住宅管理業法制度概要ハンドブック39頁）。

❸ 誤っているので、正解

定期報告の対象となる事項には、「家賃等金銭の収受状況」は含まれていない（左頁図表（2）参照）。

❹ 正しい

定期報告は、管理業務報告書の交付に代えて、記載事項を電磁的方法により提供することもできるが（賃貸住宅管理業法施行規則40条４項）、賃貸人と説明方法について協議の上、双方向でやりとりできる環境を整え、賃貸人が管理業務報告書の内容を理解したことを確認することが必要である（「解釈・運用の考え方」第20条関係４　管理業務報告書の説明方法について）。

正解　❸

管理受託は、賃貸人（委託者）からの依頼を受けて、賃貸人のために行う業務です。賃貸人への報告は、欠かすことはできません。賃貸住宅管理業法でも、管理業者の重要な義務と位置づけられており、その時期、方法や報告内容について、さまざまなルールが決められています。賃貸人への報告の重要性に鑑みると、これからもたびたび試験でとりあげられることになります。

原状回復ガイドライン❶

▶R05　問09　重要度Ａ

「原状回復をめぐるトラブルとガイドライン（再改定版）」（国土交通省住宅局平成23年８月。以下、各問において「原状回復ガイドライン」という。）に関する次の記述のうち、不適切なものの組合せはどれか。

ア　原状回復ガイドラインによれば、賃借人が天井に直接つけた照明器具のビス穴の跡の原状回復費用は、賃借人の負担とはならない。

イ　原状回復ガイドラインによれば、飼育ペットによる臭いの原状回復費用は、無断飼育の場合を除き、賃借人の負担とはならない。

ウ　原状回復ガイドラインによれば、賃借人が設置した家具によるカーペットのへこみや設置跡の原状回復費用は、賃借人の負担とはならない。

エ　原状回復ガイドラインによれば、台所、トイレの消毒の費用は、賃借人の負担とはならない。

❶　ア、イ
❷　ア、ウ
❸　イ、エ
❹　ウ、エ

ア　不適切

照明器具を直接に天井に取り付けたことによって生じたビス穴等は、通常の損耗ではないと考えられるから、賃借人の負担となる。

イ　不適切

共同住宅等におけるペット飼育は一般的とはいえないのであって、飼育ペットによって柱等に傷がついたり臭いが付着している場合は、通常の損耗ではないと考えられるから、賃貸人の同意の有無を問わず（賃貸人の同意があったとしても）、賃借人の負担となる。

ウ　適切

家具の設置は必然的なものだから、家具を設置して生じる床、カーペットのへこみ、設置跡は通常の使用による損耗であって、賃貸人負担であり、賃借人の負担とならない。

エ　適切

消毒は日常の清掃と異なり、賃借人の管理の範囲を超えるから、賃貸人負担であり、賃借人負担とはならない。

不適切なものの組合せは、ア、イである。

正解　❶

チェック

原状回復は、賃貸不動産経営管理士試験の中で、極めて重要なテーマです。令和3年と令和4年にそれぞれ2問ずつ（令和3年第9問・第10問、令和4年第10問・第11問）、令和5年には3問（第9問〜第11問）出題されています。

原状回復の問題は、

❶　工事費用負担者の問題（退去にあたっての補修工事を賃貸人と賃借人のどちらが負担するのか）

❷　工事費用の負担割合の問題（賃借人が工事費用を負担する場合の負担割合）

❸　原状回復の考え方や契約上の取扱いの問題

という3つに分類できます。

本問は、❶工事費用負担者の問題です。工事費用負担者の問題は、毎年必ず出題されています（令和4年第11問、令和3年第9問、令和2年第32問、令和元年第21問）。

原状回復ガイドライン❷

▶R05　問10　重要度A

原状回復ガイドラインに関する次の記述のうち、不適切なものはいくつあるか。

ア　賃借人が6年間入居後、退去の際に壁クロスに落書きを行った場合、賃借人の負担は残存価値の1円となる。

イ　賃借人の過失により襖紙の張り替えが必要となった場合、6年で残存価値1円となるような直線を想定し、負担割合を算定する。

ウ　賃借人の過失によりフローリング床全体の張り替えが必要となった場合、経年変化を考慮せず、賃借人の負担となる。

エ　賃借人の過失によりクッションフロアの交換が必要になった場合、経年変化を考慮せず、賃借人の負担となる。

❶　1つ
❷　2つ
❸　3つ
❹　4つ

ア　不適切

賃借人が故意・過失により設備等を破損し、使用不能としてしまった場合には、賃貸住宅の設備等として本来機能していた状態まで戻す必要があるから、賃借人がクロスに故意に行った落書きを消すための費用（工事費や人件費等）は、全額が賃借人の負担である。

イ　不適切

襖紙について、賃借人の過失によって張り替えが必要となった場合、襖紙には消耗品という性格があるから経過年数は考慮されず、張り替え費用の全額が賃借人負担となる。

ウ　不適切

賃借人の過失によりフローリング全体にわたって毀損が生じた場合のフローリング全体の張替え費用は、経過年数を考慮し、残存価値１円となるような直線を想定したうえで、負担割合を算定して賃借人の負担額が定められる。

エ　不適切

賃借人の過失によりクッションフロアの交換が必要になった場合、賃借人の負担額は、経年変化を考慮し、６年で残存価値１円となるような直線（または曲線）を想定した負担割合によって、算出される。

いずれも不適切であり、不適切なものは４つである。

正解　❹

チェック

本問は、原状回復のうち、工事費用の負担割合の問題（賃借人が工事費用を負担する場合の負担割合）です。

工事費用の負担割合の問題は、工事費用負担者の問題とともに、毎年必ず出題されています（令和４年第10問、令和３年第10問、令和２年第31問、令和元年第22問）。

原状回復ガイドライン❸

▶R05　問11　重要度A

賃貸住宅における原状回復に関する次の記述のうち、最も不適切なものはどれか。

❶　賃貸人が敷金100万円から原状回復費用として70万円を控除して賃借人に敷金を返還した場合において、賃借人の故意・過失による損耗・毀損がないときは、賃借人は、敷金全額分の返還を受けるため、少額訴訟を提起することができる。

❷　原状回復にかかるトラブルを未然に防止するためには、原状回復条件を賃貸借契約書においてあらかじめ合意しておくことが重要であるため、原状回復ガイドラインでは、賃貸借契約書に添付する原状回復の条件に関する様式が示されている。

❸　原状回復費用の見積りや精算の際の参考とするため、原状回復ガイドラインでは、原状回復の精算明細等に関する様式が示されている。

❹　民法では、賃借人は、賃借物を受け取った後に生じた損傷（通常の使用収益によって生じた損耗や賃借物の経年変化を除く）がある場合において、その損傷が賃借人の責めに帰することができない事由によるものである場合を除き、賃貸借の終了時に、その損傷を原状に復する義務を負うとされている。

❶　最も不適切なので、正解

賃借人の故意・過失による損耗・毀損がなければ、敷金を返還するに際して原状回復費用を差し引くことはできない。本肢では、賃借人は賃貸人に対して、70万円の敷金返還請求という金銭支払いを請求できる。しかし、少額訴訟の対象となる事件は、訴額が60万円以下の金銭の支払いの請求である。70万円の金銭請求の訴えを提起するために、少額訴訟を利用することはできない。

❷　適切

原状回復費用については、入居当初には発生しないけれども、いずれは賃借人が負担する可能性があるから、将来問題となる原状回復条件を契約書に添付し、あらかじめ条件を合意しておくことが望まれる。

❸　適切

原状回復ガイドラインでは、原状回復費用の見積りや精算を行う場合の参考となるように、「原状回復の精算明細等に関する様式」も示されている。

❹　適切

民法にはおおよそ本肢のとおりの定めが設けられている。

正解 

チェック

本問は、原状回復の問題のうち、原状回復の考え方や契約上の取扱いをテーマにしています。令和２年４月施行の民法改正では、新たに原状回復のルールが条文化されたことから、肢４で**民法の定め**が問われました。肢２と肢３は、**賃貸借契約書や精算時に作成すべき書面の様式**が原状回復ガイドラインに明記されていることが問題とされています。肢１は債権回収の手段としての**少額訴訟**を原状回復との関連できく新しいスタイルの出題です。このように試験勉強では予想していなかったような問題であっても、必ず賃貸不動産経営管理士としてなすべき業務にかかわるものですから、本番で思わぬ問われ方できかれたとしても、落ち着いて考えれば、答えを導くことはできます。

耐震基準・耐震診断

▶R05　問12　重要度A

建物の構造に関する次の記述のうち、最も不適切なものはどれか。

❶　1968年の十勝沖地震の被害を踏まえ、1971年に鉄筋コンクリート造の柱のせん断設計法を変更する等の建築基準法施行令改正があった。

❷　1978年の宮城県沖地震の被害を踏まえ、1981年に建築基準法の耐震基準が改正され、この法改正の内容に基づく設計法が、いわゆる新耐震設計法である。

❸　2013年に建築物の耐震改修の促進に関する法律が改正され、一部の建物について耐震診断が義務付けられた。

❹　共同住宅である賃貸住宅においても、耐震診断と耐震改修を行うことが義務付けられている。

要点　**新耐震基準（昭和56年６月１日以降着工）において求められる耐震性**

中地震（震度５程度。数十年に一度遭遇）	ほとんど損傷しない
大地震（震度６～７程度。数百年に一度遭遇）	建物が倒壊しない

❶　適切

1968年には十勝沖地震があり、多くの建物が被害を受けた。1971（昭和46）年に建築基準法施行令が改正になり、主に鉄筋コンクリート造の柱のせん断設計法が変更になった。

❷　適切

1978年には宮城県沖地震があり、多くの建物が被害を受けた。1981（昭和56）年に建築基準法の耐震基準が大幅に改正された。この法改正の内容が新耐震設計法（新耐震基準）といわれる。

❸　適切

2013年（平成25年）に建築物の耐震改修の促進に関する法律（以下「耐震改修促進法」という）が改正された。一部の建物について耐震診断（建物に必要とされる耐力と、現に保有している耐力を比較し、大地震の際にどの程度の被害を受けるかを評価・判定）が義務付けられた。

❹　最も不適切なので、正解

2013（平成25）年に「耐震改修促進法」が改正された。共同住宅である賃貸住宅において、耐震診断を行い耐震改修することが、努力義務と定められたが、耐震改修を行うことまでは、義務付けられていない。

正解　❹

チェック

わが国は地震国であって、住生活の地震に対する安全性は人々の生活の基盤を形作ります。賃貸住宅管理においても、**地震対策**は大事な課題なので、本問では歴史的な経緯を踏まえて、地震対策の仕組みが問われています。もっとも本問では、せん断設計法という構造の専門家でなければ知らない専門用語が出ていますが、建築に関しては、このような専門知識は知らなくてもかまいません。他方で、本問で出てくる**新耐震設計法、耐震診断、耐震改修という言葉は、賃貸不動産経営管理士にとっても、基本事項です**。これらの基本事項はこれからもきかれることになりますので、その意味内容を確認しておく必要があります。

内装・防火区画・主要構造部

▶R05　問13　重要度A

建築基準法等に関する次の記述のうち、誤っているものはどれか。

❶　建築基準法では、内装制限として、火災の発生による建物内部の延焼を防ぐため、その用途規模に応じて内装材料などにさまざまな制限を加えている。

❷　賃貸住宅管理業者による日常的な維持管理においては、防火区画のための防火設備の機能を阻害しないような維持管理を行う必要がある。

❸　防火区画には、面積区画、高層区画、竪穴区画、異種用途区画がある。

❹　主要構造部には、間柱、小ばり、屋外階段、ひさしも含まれる。

要点　防火区画

防火区画の意味	●火災の拡大を防ぐために建築物に設ける区画
防火区画の種類（基準）	❶面積基準、❷高層基準、❸竪穴基準、❹異種用途基準
防火区画の構造等	●防火区画となる壁・床は、 耐火構造の壁・床としなければならない ●区画を構成する部分に開口部を設ける場合には、 防火扉や防火シャッターなどの 防火設備としなければならない

❶ 正しい

建築物の内装材料については、建築基準法によって、さまざまな使用制限が課されている（建築基準法35条の2、同法施行令128条の3の2～129条）。

❷ 正しい

防火区画は火災の拡大を防ぐために建築物に設ける区画であり（建築基準法施行令112条）、賃貸住宅管理業者は、火災を防ぎ、かつ火災発生時に避難を阻害することがないように、日常的な維持管理においては、防火区画のための防火設備の機能を阻害されることがないよう、配慮をしなければならない。

❸ 正しい

防火区画には、区画の設定の仕方によって、面積、高層、竪穴、異種用途の4つの基準（種類）がある。

❹ 誤っているので、正解

主要構造部は、壁、柱、床、はり、屋根または階段である。間柱、小ばり、ひさし、屋外階段等は、主要構造部ではない。

正解 ❹

換気方式

▶R05　問14　重要度Ｂ

室内の換気方式に関する次の記述のうち、誤っているものはどれか。

❶　自然換気方式は、室内外の温度差による対流や風圧等の自然条件を利用しているため、換気扇の騒音もなく経済的であり、いつでも安定した換気量が確保できる。

❷　機械換気方式は、換気扇や送風機等を利用した強制的な換気方式であり、必要なときに換気ができるが、エネルギー源が必要となる。

❸　住宅では、台所、浴室、便所等からの排気は機械換気とし、給気は給気口から取り入れる第３種換気を採用することが多い。

❹　第３種換気において給気の取入れが十分でないまま機械による排気を行うと、室内外の差圧が増大することによる障害が発生する。

●換気は、外から新鮮な空気を取り込む**給気**と、室内の空気を排出する**排気**がある

●換気方式は、**機械換気**と**自然換気**で行うことの組み合わせにより、以下の３つに分けられる

要点　３つの換気方式

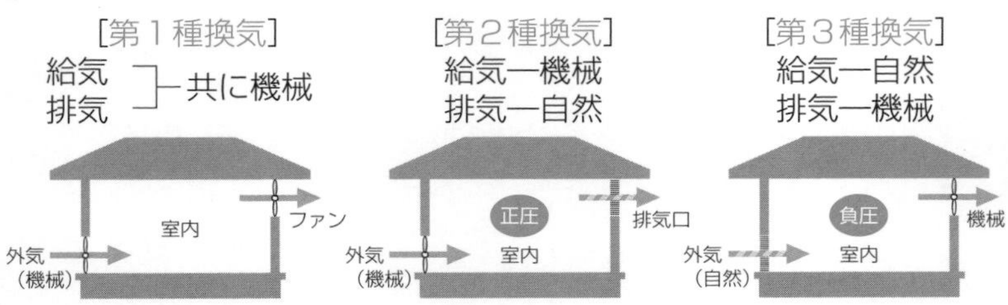

※汚れた空気を機械で取り込んだ場合、排気が自然だと室内の空気が悪くなるため、第２種換気方式は住宅には不向きである

❶　誤っているので、正解

自然換気方式は、室内と室外の温度差による対流や風圧等、自然の条件を利用した換気方式である。機械換気と異なり、換気扇や送風機等の機械が不要なので、騒音がなく、経済的という長所があるが、安定した換気量や換気圧力は期待できないという短所がある。

❷　正しい

機械換気方式は、換気扇や送風機等の機械を利用して、強制的に換気する方式であり、自然換気に比べ、必要なときに安定した換気ができるという長所があるが、他方で電気などのエネルギー源がなければ稼働しない。

❸　正しい

第３種換気方式は、排気に機械を使い、給気には機械を使わない方式である。室内が負圧になる方式であり、台所、浴室、便所、洗面所等のように、燃焼ガス、水蒸気、臭気等が発生する部屋に採用される。多くの住宅で採用されている。

❹　正しい

第３種換気方式は給気には機械を使わないために、給気の取入れが不十分になることがあり、室内と室外で圧力の差が生じ、ドアや窓の開閉が困難になったり、風切り音が発生する等の障害が生じることがある。

正解　❶

賃貸不動産経営管理士は、賃貸住宅管理の専門家として、居住者の快適で健康的な生活空間の作出に協力しなければなりません。住宅が居住空間としての快適な生活空間であるためには、換気について、十分な配慮が必要となります。そのために、賃貸不動産経営管理士試験では、換気の問題は、とても重視されており、しばしば出題されています。試験対策としては、本問については、問題文と解答を知っておくだけでは不十分です。この問題はきちんと換気を学ぶための好材料ですから、本問をもとにして、**換気の知識**をしっかりと整理しておくべきです。

漏水・詰まり

▶R05　問15　重要度B

建物各部の漏水や詰まりによる不具合の発生に関する次の記述のうち、適切なものはいくつあるか。

ア　雨水による漏水の原因として、屋上や屋根の防水部分の劣化や破損によって生じるもの、コンクリート等の構造部材のクラックや破損によって生じるものなどがある。

イ　建物内部の漏水は、雨水か入居者の過失又は不注意によるものがほとんどであり、給水管や排水管からの漏水は発生しない。

ウ　入居者の不注意等による漏水としては、洗濯水の溢れ、流し台や洗面台の排水ホースの外れ、トイレの詰まりを放置したことによる漏水などがある。

エ　雨樋に落ち葉などが蓄積し詰まりが生じると、降雨時にオーバーフローを起こし、軒天や破風部に水が回り、建物全体の劣化を早めることがある。

❶　1つ
❷　2つ
❸　3つ
❹　4つ

ア　適切

最上階や屋根からの漏水は、防水部材の劣化や破損、コンクリート等構造部材のクラックや破損、雨水排水設備の不良等によって生じる。

イ　不適切

給水管や排水管について、メンテナンスや更新を怠ると漏水が生じる。

ウ　適切

洗濯水の溢れ、流し台や洗面台の排水ホースの外れ、トイレの詰まりを放置したことによる漏水などが不注意等による漏水である。

エ　適切

雨樋では落ち葉やほこりが蓄積すると、縦樋の詰まりや、降雨時のオーバーフローが生じ、オーバーフローした雨水が、軒天や破風に回り、軒天や破風に水がたまったり、湿気を帯びる。これを放置すると、建物全体の劣化を早めることになる。

適切なものは、ア、ウ、エの３つである。

住宅は、人が安全なくらしを営むための構造物です。水漏れがないことは、住宅としての基本性能です。もっとも、住宅も人の手によって創られるものである以上、現実には常に完全なものではなく、時に水漏れの発生は避けることができません。**水漏れのメカニズムをしり、適切な対応をすることができること**は、賃貸住宅管理の実務に携わる者にとっての重要な使命です。これらを踏まえて、賃貸住宅管理士の試験でも漏水に関する事項は繰り返し扱われるテーマになっています。

屋根・外壁の劣化と点検

▶R05　問16　重要度B

屋根や外壁等の劣化と点検に関する次の記述のうち、最も適切なものはどれか。

❶　傾斜屋根には、金属屋根、スレート屋根などがあり、経年劣化により屋根表面にコケ・カビ等が発生したり、塗膜の劣化による色あせ等が起きたりするので、概ね３年前後での表面塗装の補修が必要である。

❷　陸屋根では、風で運ばれた土砂が堆積したり、落ち葉やゴミが排水口等をふさぐことがあるが、それが原因で屋上の防水機能が低下することはない。

❸　コンクリート打ち放しの場合、外壁表面に発生した雨水の汚れやコケ・カビ、塩害や中性化の問題があるが、美観上の問題であり、定期的な点検は必要ない。

❹　ルーフバルコニーでは、防水面の膨れや亀裂、立ち上がりのシーリングの劣化などが発生するので、定期的な点検や補修が必要である。

❶ 不適切

カラーベスト等の傾斜屋根は、経年によって屋根表面にコケ・カビ等が発生したり、塗膜の劣化による色あせ・錆など美観の低下が生じるから表面塗装が必要だが、おおむね、10年前後が経過したときに行うものとされている。

❷ 不適切

陸屋根は傾斜がないから、土砂、落ち葉、ゴミが屋根のうえにたまりがちである。風で運ばれた土砂が堆積したり、落ち葉やゴミが樋や排水口（ルーフドレイン）をふさぎ、屋上の防水面が破損されることがある。

❸ 不適切

コンクリート打ち放しの場合の汚れやコケ・カビの発生、塩害中性化などは、単に美観上の問題ではなく漏水の原因になったり、建物の寿命を縮めたりする。定期的な点検が必要である。

❹ 最も適切なので、正解

ルーフバルコニーは、直接に風雨にさらされるので、定期的に点検し、防水面の膨れや亀裂、立ち上がりのシーリングの劣化などを発見したときには、補修が必要となる。

正解 ❹

チェック

外壁や屋根は、人の生活を風雨から守るための**基本構造**です。しかし、いくら技術が進歩しても、物が有体である以上は、劣化していくことは避けられません。また、物は管理すれば長持ちするし、管理を怠ればその寿命は短くなります。住宅を管理するにあたっては、物の劣化を念頭におく必要あります。外壁や屋根を手入れし、劣化に対処することは、賃貸住宅を管理するにあたっては、必ずおこなわなければならない作業です。このような考え方から、賃貸不動産経営管理士の試験では、**外壁と屋根の問題**が取り上げられます。本問の肢で題材とされる**傾斜屋根**、**陸屋根**、**コンクリート打ち放し**、**ルーフバルコニー**については、それらがどのようなものであって、維持管理のために何が必要なのかは、試験対策として押さえておくべき事項ということになります。

排水設備・通気設備

▶R05　問17　重要度B

排水・通気設備等に関する次の記述のうち、最も不適切なものはどれか。

❶　洗濯機の防水パンに使用されるサイホン式トラップには、毛髪や布糸などが詰まりやすく、毛細管作用により破封することがある。

❷　管内の圧力変動による排水トラップの封水の流出や、長期間の空室による封水の蒸発は、悪臭の原因となる。

❸　雑排水槽や汚水槽を設けて、水中ポンプで汲み上げる排水方式では、定期的な点検や清掃が必要である。

❹　特殊継手排水方式は、排水横枝管の接続器具数が比較的少ない集合住宅や、ホテルの客室系統に多く採用されている。

❶ 最も不適切なので、正解

排水トラップはサイホン式トラップ（管トラップ）と非サイホン式トラップ（隔壁トラップ）とに分類される。キッチンや浴室の防水パンには、サイホン式トラップ（管トラップ）ではなく、わんトラップ（ベルトラップ）が使われている。

❷ 適切

排水管の管内の圧力変動で排水トラップ内の封水が流出したり、長期間空室の状態が続いて封水が蒸発したりすると、悪臭が生じる。

❸ 適切

雑排水槽や汚水槽には、雑排水や汚水がためられるから、点検や清掃を行わないと、悪臭や衛生上の問題を生じる。

❹ 適切

特殊継手排水は、建物の通気設備のひとつであり、各階排水横枝管接続用に特殊な形状をした排水管継手である。排水横枝管の接続器具数が比較的少ない集合住宅やホテルの客室系統に採用されることが多い。

正解 

住宅は、雨風から人を守ることに加えて、健康的な生活を営めるようにすることが、その最も重要な基本機能です。適切な排水・通気が行われることは、住宅における人のくらしに絶対に必要なので、試験でも、繰り返し出題されています。**排水設備の機能と設備の種類や構造**は、試験対策としても非常に重要です。

分別管理

▶R05　問18　重要度A

賃貸住宅管理業法における登録を受けた賃貸住宅管理業者の財産の分別管理に関する次の記述のうち、正しいものはどれか。なお、管理受託契約に基づいて受領する家賃等を管理する口座を「家賃等管理口座」、賃貸住宅管理業者の固有の財産を管理する口座を「固有財産管理口座」とする。

❶　賃借人から受領した家賃等から管理報酬分を支払うものとしている場合には、あらかじめ賃貸人に引き渡す家賃等と管理報酬相当額とを分けて、前者のみを家賃等管理口座に入金させなければならない。

❷　管理戸数が20戸以下の賃貸住宅管理業者は、家賃等管理口座と固有財産管理口座を一つの口座とし、家賃等と自己の固有の財産とを、帳簿により勘定上直ちに判別できる状態で管理することができる。

❸　家賃等管理口座に預入された金銭は、その全額を直ちに賃貸人に交付しなければならず、賃貸住宅管理業者の固有財産に属する金銭のうちの一定額を、家賃等管理口座に残したままにしておくことはできない。

❹　家賃等管理口座に預入された金銭は、現金預金や管理手数料収入、修繕費などの勘定科目に、物件名や顧客名を入れた補助科目を付して仕分けを行うことにより、他の管理受託契約に基づく管理業務において受領する家賃等との分別管理とすることができる。

❶ 誤り

賃貸人に引き渡す家賃等を固有財産とあわせてひとつの口座に同時に預け入れされている状態が生じることは禁じられない（「解釈・運用の考え方」第16条関係）。ただし同時に預け入れられた場合には、賃貸人に引き渡す家賃等または速やかに本来入るべき口座に移し替えるなどの対応をとらなければならない。

❷ 誤り

管理戸数が20戸以下の事業者は登録をしなくても事業を営むことができるが、登録をした場合には、家賃等管理口座と固有財産管理口座を分けなければならない。

❸ 誤り

家賃等管理口座に預入された金銭は契約上定められた時期に賃貸人に交付すればよい。また、管理業者の固有財産のうちの一定額を家賃等管理口座に残しておくことは差し支えない（「解釈・運用の考え方」第16条関係）。

❹ 正しいので、正解

家賃等管理口座に預入された金銭を、現金預金や管理手数料収入、修繕費などの勘定科目に、物件名や顧客名を入れた補助科目を付して仕分けを行って、他の管理受託契約に基づく管理業務において受領する家賃等と分別して管理をすることは可能である。

正解 ❹

賃貸住宅管理業法において、賃貸住宅の管理業者が、賃料などの金銭を適切に管理する義務があることは、極めて重要視されています。そのため国土交通省からも、**家賃・敷金等の金銭の管理**を行うに際して必要な経理上の知識を試験範囲として取り上げるべきことがリリースされており、実際に賃料等の分別管理の問題が続けて出題されています（令和４年問21、令和５年本問）。分別管理の問題は、これを文字にすると読みづらく、理解が難しい文章になりますが、内容からみると、それほど多くの論点はありません。過去問を読み解き、理解しておけば、これから出されるどのような問題にも対応できます。

賃　料

▶R05　問19　重要度B

賃借人が賃料債務を免れる場合に関する次の記述のうち、正しいものはどれか。

❶　賃貸借契約で定められた賃料の支払時期から10年が経過すれば、特段の手続きを要することなく、賃借人は賃料債務を免れる。

❷　賃貸借契約で賃料の支払方法が持参払いと定められている場合で、賃貸人が賃料の増額を主張して賃料の受領を拒否しているときは、賃借人が従前の賃料額を賃貸人宅に持参し、賃貸人が受け取れる状況にすれば、賃貸人に受領を拒否された場合でも、賃借人は賃料債務を免れる。

❸　賃貸借契約で賃料の支払方法が口座振込と定められている場合で、賃借人が賃貸人宅に賃料を持参したにもかかわらず、賃貸人が受領を拒否したときは、賃料を供託することが可能であり、供託により、賃借人は賃料債務を免れる。

❹　賃貸借契約期間中であっても、賃貸人が、敷金の一部を賃借人の賃料債務に充当したときは、賃借人の承諾の有無にかかわらず、賃借人は、その分の賃料債務を免れる。

❶　誤り

賃料債権は時効により消滅する（民法166条１項）。もっとも、時効期間（５年または10年）が経過しても、時効を援用しなければ、賃料債務を免れない。

❷　誤り

賃借人は、賃貸人が賃料を受け取れる状態を作出すれば債務不履行責任を免れるが、実際に受け取られていなければ、債務は消滅しない。債務を免れるためには、供託が必要である。

❸　誤り

賃貸人は自ら直接に賃料を受け取ることは拒んではいるが、賃借人は口座振込によって賃料を支払えばよいのであって、受領拒絶という供託の要件をみたさないから、供託により賃料を免れることはできない。

❹　正しいので、正解

賃貸人は、賃借人が賃貸借に基づいて生じた金銭の給付を目的とする債務を履行しないときは、敷金をその債務の弁済に充てることができる（民法622条の２第２項）。

正解　❹

賃貸住宅経営は、賃借人から受領する賃料収入から成り立ちます。賃貸住宅の管理受託は、賃貸人を委託者として、賃貸住宅管理業者が、賃貸住宅経営を行う賃貸人のために賃貸管理業務を受託するものであって、賃料の問題を知っておかなければ、委託される管理業務を十分に行うことができないことは、いうまでもありません。そのために、試験では、**毎年いろいろな方向から、賃料の問題が作られ、出題されています。**本問も典型的な賃料の論点が肢として採用されており、これまでも出ているし、これからも出るテーマであると考えて、学習していただかなければなりません。

敷　金

▶R05　問20　重要度B

敷金の取扱いに関する次の記述のうち、適切なものはどれか。

❶　敷金は、賃貸借契約上賃借人が負うべき債務の担保として交付されるものであるが、賃貸借契約は継続しつつ、敷金契約を合意解約して敷金の返還をすることができる。

❷　敷金は、賃貸借契約上賃借人が負うべき債務の担保として交付されるものであるから、賃貸借契約締結と同時に、または締結前に交付しなければならない。

❸　賃貸借契約が終了したにもかかわらず賃借人の明渡しが遅延したことにより発生する賃料相当使用損害金は、賃貸借契約が終了した後に発生する債務であるため、敷金から差し引くことはできない。

❹　敷金は、賃借人の債務を具体的に特定し、その債務に敷金を充当する旨の意思表示をしない限り、賃貸人はその全額を返還しなければならない。

❶　適切なので、正解

敷金を交付する合意は、賃貸借契約とは別個の契約だから、敷金契約のみを合意解約することもできる。

❷　不適切

賃貸借契約と同時にまたは締結前に交付しなければならないものではなく、賃貸借契約の締結後に合意し、または敷金を交付するものとするという合意も可能である。

❸　不適切

賃貸借契約が終了した後の明渡しがなされない場合の賃料相当額の使用損害金も、敷金の担保する債務に含まれる（最判昭48.２.２判時704号44頁）。

❹　不適切

敷金は、賃貸借が終了し賃借人が賃貸人に対して敷金により担保される債務を負担している場合、当然に債務に充てられ、敷金の返還請求権は残額についてのみ発生する。賃貸人による敷金充当の意思表示は不要である（大判大15.７.12民集５巻616頁）。

正解　❶

チェック

賃貸住宅の経営をするにあたって、賃料収入が主な収益源ですが、賃料債権には常に不払いのリスクをともないます。そこで多くの賃貸借契約では、賃料等の賃貸人の賃借人に対する債権を担保するために、敷金が預けられます。もっとも、敷金については、賃貸住宅管理の実務において、争いが生じることが少なくありません。そのうちもっとも頻繁に起こるのは、原状回復を巡るトラブルですが、そのほかにも、敷金について知っておかなければならない論点がたくさんあります。賃貸不動産経営管理士においても、**敷金について正しい知識**をもっておかなければならないことから、試験問題としても、たびたび取り上げられています。本問は、敷金についての基本的知識を問う問題です。

期間・契約の終了、賃料支払時期等

▶R05　問21　重要度A

賃貸住宅を目的とする賃貸借契約に関する次の記述のうち、誤っているものはいくつあるか。

ア　賃貸借契約が有効に成立するためには、契約の終期について合意しなければならない。

イ　契約期間２年の建物賃貸借契約を締結し、「契約期間内に賃借人が死亡したときに契約が終了する」との特約を設けたとき、賃借人の死亡により賃貸借契約は終了する。

ウ　賃料の支払時期に関する合意をしなければ、当月分の賃料は当月末日払となる。

エ　賃貸借契約の締結に向けた交渉がなされ、賃貸人に契約が成立することの強い信頼を与えるに至ったにもかかわらず、合意直前で賃借人予定者が理由なく翻意し、契約が成立しなかった場合、賃借人予定者が不法行為責任を負うことがある。

❶　1つ
❷　2つ
❸　3つ
❹　4つ

ア　誤り

賃貸借契約は、契約の終期についての合意がなくても、有効に成立する。契約の終期の合意がなければ、期間の定めのない賃貸借となる。

イ　誤り

契約期間内に賃借人が死亡したときに契約が終了するとの特約は、借主に不利な特約である。賃貸不動産経営管理士試験の出題者は、借主が死亡したときには賃貸借契約が終了する旨の特約は無効という立場を採用している。

ウ　正しい

賃料は、特約がなければ、毎月末に支払わなければならない（民法614条）。

エ　正しい

賃貸借契約の締結に向けた交渉がなされ、賃貸人に契約が成立するという強い信頼を与えるに至ったにもかかわらず、契約成立に対する信頼を裏切って、合意直前で理由なく翻意した場合には、賃借予定者は、損害賠償責任を負う。

誤っているのは、ア、イの2つである。

正解　❷

賃貸住宅管理は、賃貸人と賃借人が賃貸借契約を締結し、賃貸借契約に基づいて賃借人に賃貸住宅を賃貸し、賃借人が賃貸住宅で居住し、賃料を払うという一連の所為について、全体としてこれらを管理することがその業務内容です。賃貸借に関する問題は、賃貸住宅管理業法が施行される前には、賃貸不動産経営管理士の試験問題の中心でしたが、同法の施行後は、試験問題の中心は賃貸住宅管理業法になりましたので、以前と比べると、比較的問題の数は減っています。しかし、その重要性には選ぶところはありません。賃貸不動産経営管理士の試験は、賃貸住宅管理の専門家としての賃貸不動産経営管理士の資格を得るための試験ですから、賃貸住宅管理賃貸借契約について、広くかつ深く知っておかなければなりません。本問は、賃貸借契約の基本知識を広く問う出題となっています。

契約締結（共有）

▶R05　問22　重要度Ａ

３人が共有している賃貸住宅について、全員の合意は必要ないが、共有者の持分の価格に従い、その過半数で決することを要するものの組合せとして、正しいものはどれか。

ア　賃貸住宅の窓ガラスが台風により破損した場合の、窓ガラスの交換
イ　賃貸住宅につき、契約期間を３年とする定期建物賃貸借契約の締結
ウ　賃貸住宅につき、契約期間を５年とする定期建物賃貸借契約の締結
エ　賃貸住宅の賃貸借契約に関し、賃借人の債務不履行を理由とする契約の解除

❶　ア、イ
❷　ア、ウ
❸　イ、エ
❹　ウ、エ

ア　誤り

窓ガラスの交換は保存行為であり、保存行為は各共有者が単独で行うことができる（民法252条５項）。過半数で決することを要しない。

イ　正しい

期間が３年を超えない賃借権（期間３年以下の賃貸借）を設定することは管理行為であり（民法252条４項３号）、管理行為は共有者の持分の価格に従ってその過半数で決することができる（民法252条前段）。

ウ　誤り

期間が３年を超える賃借権を設定することは管理行為ではなく、処分行為である（民法252条４項３号）。共有物の処分は全員の一致でなければ行うことはできない。

エ　正しい

建物が共有物で、賃貸人が共有者である場合、賃貸借契約の解除に関する事項は共有物の管理に関する事項にあたる（最判昭39．２．25民集18巻２号329頁、最判昭47．２．18金法647号30頁）。過半数の共有持分を有する共有者は解除権を行使することができる（民法252条前段）。

正しいものは、イ、エである。

正解　❸

資格試験では、従前の制度が見直された場合、時をおかずに問題の題材として採用されることが少なくありません。賃貸不動産経営管理士でも、常に新しい仕組みを取り入れて業務を行わなければならない専門家であることから、社会の動向に関心をもっているかどうかを問うねらいを含めて、**最新の法改正**などが多く取り上げられます。

本問では、令和５年４月に施行された改正民法から、共有物を賃貸する場合の決定方法の問題が問われています。令和６年の試験でも、**直近数年の間に法改正やガイドラインの見直しがあった事項については、出題される可能性が高いもの**と考えておくべきです。

修繕・必要費償還請求

▶R05　問23　重要度B

建物賃貸借契約における修繕及び費用償還請求権に関する次の記述のうち、適切なものはどれか。

❶　建物共用部内の下水管が破損し賃貸住宅の寝室に漏水が発生したときに、賃貸人が長期海外旅行中で連絡が取れない場合、賃借人は賃貸人の帰国を待たなければ、賃貸住宅の修繕を行うことができない。

❷　経年劣化により故障したトイレの修繕のための費用（必要費）を賃借人が支出しているにもかかわらず、賃貸人がその支払を拒む場合、賃借人は、賃貸借契約が終了しても、賃貸住宅全体の明渡しを拒むことができる。

❸　賃貸借契約が終了し、賃貸住宅を明け渡してから１年半が経過した時点で、賃借人が必要費を支出していたことを思い出し、賃貸人に対して必要費償還請求権を行使した場合、賃貸人は支払を拒むことができない。

❹　造作買取請求権排除の特約が付されていない建物賃貸借契約において、賃借人が賃貸人の承諾を得て付加した造作に関し、賃借人が賃貸借契約終了時に造作買取請求権を行使した場合、賃貸人は賃借人と造作にかかる売買契約を締結しなければならない。

❶ 不適切

賃借人は、修繕が必要でかつ急迫の事情があるときには、賃貸人の承諾を得ずに、修繕を行うことができる（民法607条の２）。

❷ 適切なので、正解

賃借人は、必要費を支出したときは直ちに償還請求ができる（民法608条１項）。他人の物の占有者は、その物に関して生じた債権を有するときは、債権の弁済を受けるまで、物を留置できる（民法295条１項本文）。賃借人は、費用の償還がなされるまでは、賃貸住宅を留置し、明渡しを拒むことが可能である。

❸ 不適切

賃借人が支出した費用の償還は、賃貸人が返還を受けた時から１年以内に請求しなければならない（民法600条１項・622条）。本肢では明渡し後１年半が経過しているから、必要費の償還を請求することができない。

❹ 不適切

建物の賃貸人の同意を得て建物に付加した造作がある場合には、建物の賃借人は、建物の賃貸借が期間の満了または解約の申入れによって終了するときに、造作買取請求権を行使することができる（借地借家法33条１項前段）。造作買取請求権という一方的な意思表示による権利を行使すればそれで売買契約が成立するのであり、賃貸人が契約の締結をしなければならないものではない。

正解 ❷

本問は賃貸の目的物の修繕および費用償還について、賃貸人と賃借人に、それぞれどのような権利義務があるのかを問う問題です。肢２と肢３で問われている必要費、肢４で問われる造作買取は、有益費とともに、賃貸不動産経営管理士では頻繁に題材とされるテーマです。また、肢１は、令和２年４月に施行された民法（債権関係）における大事な改正内容です。いずれの肢も、これからも重ねて問われる可能性が高い内容を含みます。本問については、賃貸不動産経営管理士の試験のための学習として最適の問題のひとつと考えて、関連事項を含めて、細大もらさず勉強をしておく必要があります。

定期建物賃貸借

▶R05　問24　重要度A

定期建物賃貸借契約に関する次の記述のうち、正しいものはいくつあるか。

ア　定期建物賃貸借契約は、書面のほか、電磁的記録により締結することができる。

イ　定期建物賃貸借契約における事前説明（賃貸借に契約の更新がなく、期間の満了により当該建物の賃貸借が終了する旨の説明）は、賃借人の承諾がなくとも、電磁的方法により提供することができる。

ウ　契約期間が３か月の定期建物賃貸借契約の場合、賃貸人は契約終了の事前通知をせずとも、同契約の終了を賃借人に対抗できる。

エ　賃貸人は、平成５年に締結された居住目的の建物賃貸借契約に関し、令和５年４月１日、賃借人の同意を得られれば、同契約を合意解除し、改めて定期建物賃貸借契約を締結することができる。

❶　1つ
❷　2つ
❸　3つ
❹　4つ

要点　**終了通知**

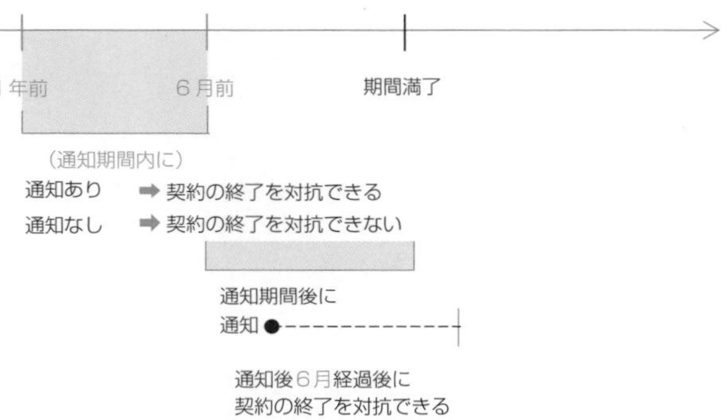

ア　正しい

定期建物賃貸借は、書面によって契約をするときに限って成立する（借地借家法38条１項前段）。電磁的記録によって契約がなされた場合は、書面によってされたものとみなされる（同法38条２項）。

イ　誤り

定期建物賃貸借をしようとするときは、賃貸人は、あらかじめ期間の満了により賃貸借が終了することについて、その旨を記載した書面を交付して説明しなければならない（事前説明。同法38条３項）。事前説明は、建物の賃借人の承諾を得れば、電磁的方法により提供することができる（同法38条４項）。承諾がなければ電磁的方法によって提供することはできない。

ウ　正しい

定期建物賃貸借の期間が１年以上である場合には、期間の満了の１年前から６月前までの間に終了通知が必要だが（同法38条６項）、契約期間が１年未満であれば、終了通知は不要である。

エ　誤り

定期建物賃貸借の規定の施行日（平成12年３月１日）以前に契約が締結された居住の用に供する建物の賃貸借については、普通建物賃貸借から定期建物賃貸借への切替えは認められない（同法附則３条）。

正しいものは、ア、ウの２つである。

正解　❷

定期建物賃貸借は、賃貸不動産経営管理士試験の中で、とても重要なテーマであり、毎年必ず出題されています（令和５年本問、令和４年第24問、令和３年第26問、令和２年第19問、令和元年第13問、平成30年第12問）。とはいえ、定期建物賃貸借に関しては、論点は数が限られます。本問でもとりあげられている書面性、事前説明、終了通知、切替えに加え、期間制限、不増減特約の効力、中途解約などが繰り返し出されているのであり、これらをおさえておけば、容易に解答にたどりつくことができます。

解除（保証）

▶R05　問25　重要度B

令和３年４月１日に締結された賃貸借契約の終了に関する次の記述のうち、適切なものの組合せはどれか。

ア　賃貸人と賃借人に紛争があり、賃借人があらかじめ賃料の支払を拒絶する意思を書面にて明らかにしており、実際に賃料の滞納が３か月に及ぶ場合、賃貸人は催告することなく賃貸借契約を解除することができる。

イ　賃料支払義務は賃借人の中核的義務である以上、１回でも賃料不払があれば、賃貸人との間の信頼関係が破壊されたとして、賃貸人は賃貸借契約を解除することができる。

ウ　賃貸借契約が解除されると、解除の遡及効により契約当初に遡り解除の効果が生ずる。

エ　家賃債務保証業者が連帯保証人となっている場合において、当該業者が賃借人による賃料不払に関して保証債務を履行していても、信頼関係が破壊されたとして、賃貸人による賃貸借契約の解除が認められる場合がある。

❶　ア、イ
❷　イ、ウ
❸　ウ、エ
❹　ア、エ

ア　適切

債務者がその債務の全部の履行を拒絶する意思を明確に表示したときには、催告をすることなく、直ちに契約の解除をすることができる（民法542条１項２号）。

イ　不適切

賃料の支払いを１か月でも滞納すれば、無催告解除ができるという特約（無催告解除の特約）は、催告をしなくてもあながち不合理ではないという事情が存する場合にはじめて効力が認められる（最判昭43.11.21判時542号48頁）。１回の賃料不払があったことだけを理由として賃貸借契約を解除することはできない。

ウ　不適切

賃貸借契約の解除に関しては、解除の効果は将来に向かってのみ効力を生ずる（同法620条本文）。

エ　適切

家賃債務保証業者が賃借人による賃料不払に関して保証債務を履行していても、信頼関係が破壊されたものとされ、賃貸人による賃貸借契約の解除が認められる場合がある（大阪高判平25.11.22-2013WLJPCA11226006）。

適切なものは、ア、エである。

正解　❹

本問は、債務不履行に基づく賃貸借契約の解除に関する問題です。賃貸借契約の解除については、賃貸借を学ぶうえでの重要なテーマです。本問では、良質の題材について、練られた問題文になっていますから、しっかりと問題文を読み込んで、検討をしておいてください。なお、肢エの家賃債務保証業者に関しては、令和５年には最高裁から、今後の賃貸事業に大きな影響が及ぶ重要判例がでています（**最高裁令和５年12月12日判決**）。これからの賃貸不動産経営管理士試験に必ず取り上げられる重要な判例ですから、受験生は必ず勉強をしておかなければなりません。

対抗力、賃貸人の地位の移転

▶R05　問26　重要度B

AがBに対して賃貸住宅（以下、「甲住宅」という。）を賃貸し、Bが居住している場合に関する以下の記述のうち、正しいものはいくつあるか。

ア　Aが甲住宅をCに売却しようとする場合、Bの承諾がなくとも売却することはできる。

イ　Aが甲住宅をCに売却しようとする場合、Aは、Bの承諾がなければ、AC間の合意で賃貸人の地位を移転させることはできない。

ウ　Aが融資を受けて甲住宅を建築し、同建物及び敷地に、借入金を被担保債権とする抵当権が設定され、登記されている場合において、抵当権が実行され、Cが甲住宅を買受けた場合、抵当権設定登記後に甲住宅に入居したBはCの買受時から3か月以内に甲住宅を明渡す必要がある。

エ　BがAの同意を得て、賃借権をDに譲渡した場合、敷金に関するBの権利義務関係はDに承継される。

❶　1つ
❷　2つ
❸　3つ
❹　4つ

ア　正しい

所有者は、自由にその所有物の処分をする権利を有する（民法206条）。AはBの承諾がなくても甲住宅を売却することができる。

イ　誤り

賃借権に対抗力がある場合、不動産が譲渡されたときは、賃貸人たる地位は、譲受人に移転する（民法605条の２第１項）。建物の賃貸借では引渡しが対抗要件になる（借地借家法31条）。Bは引渡しを受けて賃貸借の対抗要件を備えているのであり、Aが甲住宅を売却すれば、賃貸人の地位は当然にCに引き継がれ、Bの承諾がなくても、賃貸人の地位はCに移転する。

ウ　誤り

Bは抵当権設定登記後に甲住宅に入居している（引渡しを受けている）から、賃借権をCに対抗できないが、抵当権者に劣後する賃貸借により建物を使用する者が、競売手続の開始前から建物を使用していれば、買受けから６か月を経過するまでは引き渡しが猶予される（民法395条１項１号）。

エ　誤り

賃貸人の承諾を得て賃借権が譲渡された場合、旧賃借人の地位は新賃借人が承継するのであるが、敷金は、新賃借人に承継されない（最判昭53.12.22判タ377号78頁）。

正しいものは、アのひとつである。

正解　❶

チェック

賃貸借は賃貸人と賃借人の間の契約に基づいて法律関係が成立しますが、賃貸借における一方当事者の地位が移転したり、また一方当事者の債権者が賃料や敷金を差し押さえたりすることがあります。このように賃貸借契約の契約当事者ではない第三者が関与してくる場合には、当事者に相反する利益状況が生じることが多くなり、トラブルが発生しやすくなります。賃貸不動産経営管理士の試験では、**毎年必ず賃貸借契約の当事者の地位の移転や賃貸借の契約当事者ではない第三者がかかわるケースの問題が出ています。**難易度が低くない問題が多くなりますが、今後も必ずこのような問題は出題されますから、日常的に、基礎的な事項をしっかりと整理しておく必要があります。

業務管理者

▶R05　問27　重要度B

賃貸住宅管理業者及び業務管理者に関する次の記述のうち、正しいものはいくつあるか。

ア　A営業所の業務管理者は、B営業所の業務管理者がやむを得ない事情で業務を遂行することができなくなった場合には、B営業所の業務管理者を兼務することができる。

イ　賃貸住宅管理業者は、管理受託契約の締結、維持保全の手配、又は金銭の管理の業務が行われ、継続的に賃貸住宅管理業の営業の拠点となる実態を有する施設には、本店、支店、営業所等の名称を問わず、業務管理者を選任する必要がある。

ウ　業務管理者は、宅地建物取引士としての業務を兼務することはできるが、賃貸住宅管理業者の従業員が行う管理業務について必要な指導、管理及び監督の業務に従事できる必要がある。

エ　賃貸住宅管理業者は、業務上知り得た秘密を守る義務があるが、管理業務の一部の再委託を受ける者など、賃貸住宅管理業者と直接の雇用関係にない者にも同様の義務が課せられる。

❶　1つ
❷　2つ
❸　3つ
❹　4つ

ア　誤り

賃貸住宅管理業者は、営業所または事務所ごとに業務管理者を選任しなければならない（賃貸住宅管理業法12条１項）。業務管理者は、他の営業所または事務所の業務管理者となることはできない（法12条３項）。兼務は認められない（「FAQ 集」３．事業関連（受託管理）（１）業務管理者 No.6）。

イ　正しい

営業所または事務所は、本店、支店、営業所等、どのような名称を使用しているかにかかわらず、業務管理者の選任が必要である。

ウ　正しい

業務管理者が専任の宅地建物取引士を兼ねることは禁じられていない（「宅地建物取引業法の解釈・運用の考え方」第31条の３第１項関係３）。ただし、兼務をしていても、賃貸住宅管理業者の従業員が行う管理業務等について必要な指導、管理、および監督の業務に従事できるものでなければならない（「解釈・運用の考え方」第12条関係２）。

エ　正しい

再委託契約に基づき賃貸住宅管理業務の一部の再委託を受ける者等賃貸住宅管理業者と直接の雇用関係にないものも、秘密を守る義務を負う従業者に含まれる（法21条２項前段、「解釈・運用の考え方」第21条第２項関係）。

正しいものは、イ、ウ、エの３つである。

正解　③

賃貸不動産経営管理士は、賃貸住宅管理業法上の業務管理者となることが認められます。賃貸不動産経営管理士の資格者は、賃貸住宅管理業者における業務管理者の任に就くことによって、その役割を十全に果たすことができます。そのために、賃貸不動産経営管理士の試験では、業務管理者に関する知識が必ず問われることになります。本問は**業務管理者の設置**や**業務管理者の事務**について全般的にきかれていますが、令和５年の試験では、本問だけではなく、このほかに３つの問題の肢で、業務管理者が問題の題材とされています（第１問、第29問、第42問）。出題者が業務管理者に関する事項をとても重視しており、令和６年以降の試験問題でも、同様にさまざまな観点から業務管理者がとりあげられるのは確実です。このことは、試験勉強をするにあたっては、十分に留意をしておかなければなりません。

業務処理の原則等

▶R05　問28　重要度B

賃貸住宅管理業者の業務に関する次の記述のうち、誤っているものはどれか。

❶　賃貸住宅管理業者は、常に賃貸住宅の建物所有者や入居者等の視点に立ち、信義を旨とし、業務に誠実に従事することで、紛争等を防止する必要がある。

❷　賃貸住宅管理業者は、自己の名義をもって、他人に賃貸住宅管理業を営ませてはならず、それに違反した場合は、その他人が賃貸住宅管理業者の登録を受けているか否かにかかわらず罰則の対象となる。

❸　従業者証明書を携帯させるべき者には、正規及び非正規を問わず賃貸住宅管理業者と直接の雇用関係にあり、賃貸住宅管理業に従事する者が該当し、賃貸住宅管理業者と直接の雇用関係にある者であっても、内部管理事務に限って従事する者は該当しない。

❹　賃貸住宅管理業者は、管理業務の一部を再委託することができるが、管理業務の適正性を確保するため、再委託先は賃貸住宅管理業者としなければならない。

❶ 正しい

賃貸住宅管理業者は、常に賃貸住宅のオーナーや入居者等の視点に立ち、業務に誠実に従事しなければならない（賃貸住宅管理業法10条、「解釈・運用の考え方」第10条関係）。

❷ 正しい

名義貸しの禁止（同法11条）は名義を利用させた他人が登録を受けているかどうかにかかわらない。名義貸しの禁止に違反したときには、１年以下の懲役もしくは100万円以下の罰金に処せられ、またはこれらが併科される（同法41条３号）。

❸ 正しい

従業者であることを証する証明書を携帯させなければ、その者をその業務に従事させてはならない（同法17条１項）。内部管理事務に限って従事する者については、従業者証明書を携帯させる義務はない（「解釈・運用の考え方」第17条関係）。

❹ 誤っているので、正解

再委託は原則的に禁止されるが（同法15条）、管理受託契約に管理業務の一部の再委託に関する定めがあるときは、自らが再委託先の指導監督を行うことにより、一部の再委託を行うことが認められる（「解釈・運用の考え方」第15条関係　１　一部の再委託について）。再委託先は賃貸住宅管理業者でなくてもよい（「解釈・運用の考え方」第15条関係２　再委託における責任について）。

正解　❹

チェック

賃貸住宅管理業法は、賃貸住宅の管理業務を行うために、登録制度を採用し、登録された事業者であれば法律上のルールが守られるという仕組みを設けて、もって賃貸住宅の管理業務の適正さを担保することとしています。賃貸住宅の管理業務のルールは、賃貸不動産経営管理士が、業務管理者として社会から信頼される事務を行うための基礎です。したがって、試験に合格するためには、当然に**管理業務のルールについての十分な知識**を備えていることが求められます。

登録（業務管理者、合併、更新等）

▶R05　問29　重要度B

賃貸住宅管理業者の登録に関する次の記述のうち、誤っているものはどれか。

❶　賃貸住宅管理業を営もうとする者が、賃貸住宅管理業者の登録に際し、営業所で行う管理業務の質を担保するため、１つの営業所に３人の業務管理者を配置することは、賃貸住宅管理業法に定める業務管理者の選任に係る規定に反するものではない。

❷　賃貸住宅管理業を営もうとする者は、その業に係る賃貸住宅の戸数が200戸未満の者であっても、賃貸住宅管理業者の登録を受けることが可能であり、登録後に賃貸住宅管理業法の違反行為があった場合は、業務停止等の監督処分や罰則の対象となる。

❸　賃貸住宅管理業者の登録を受けている法人が合併により消滅したとき、法人を代表する役員であった者は、消滅した日から30日以内に、廃業等届出書を国土交通大臣に届け出なければならない。

❹　賃貸住宅管理業者の登録の有効期間は５年であり、登録の更新を受けようとする者は、現に受けている登録の有効期間の満了の日の90日前までに更新の申請を行う必要がある。

❶ 正しい

賃貸住宅管理業者は、その営業所または事務所ごとに、１人以上業務管理者を選任しなければならない（賃貸住宅管理業法12条１項）。業務管理者は２人以上設置することも当然に可能である。

❷ 正しい

管理戸数が200戸未満の場合も登録を受けることは可能である。登録を受けた場合には、賃貸住宅管理業に関する規制に服することになる。違反行為があった場合には、業務停止等の監督処分や罰則の対象になる（「解釈・運用の考え方」第３条第１項関係１、FAQ 集２（１）No.11、FAQ 集２（３）No.1）。

❸ 正しい

合併により消滅したときは、法人の登録は効力を失う（同法９条２項・１項２号）。その日から30日以内に、その旨を国土交通大臣に届け出なければならない（同法９条１項本文・２号）。

❹ 誤っているので、正解

登録の更新を受けようとする者は、有効期間の満了の日の90日前から30日前までの間に申請書（同法４条１項）を国土交通大臣に提出しなければならない（同法３条２項、同法施行規則４条）。更新を申請する時期は、期間満了の90日前までではない。

正解 ❹

チェック

本問は、賃貸住宅管理業者の登録の要件と手続きに関する問題です。肢１は業務管理者の問題で特段の知識は不要でしょう。肢２に関しては、管理戸数200戸未満の場合には、登録がなくても業務を行えるが、登録をすることも可能であり、いったん登録をした場合には、登録された管理業者と扱われるというのは、登録に関する基本事項です。肢３、肢４は、いくらか細かいところをきいているような感じもします。しかし、いずれも**賃貸住宅管理業法の条文**によって答えが導かれます。賃貸住宅管理業法の条文については、賃貸不動産経営管理士を受験するみなさまは、直接に読んでおくべきだろうと思います。

管理業者の義務と監督

▶R05　問30　重要度B

賃貸住宅管理業法の義務及び監督に関する次の記述のうち、正しいものはいくつあるか。

ア　国土交通大臣は、賃貸住宅管理業者に対し業務の運営の改善に必要な措置をとるべきことを命ずることができるが、その命令の根拠となる賃貸住宅管理業者の違反行為は、その処分をしようとする日から過去５年以内に行われたものが対象となる。

イ　賃貸住宅管理業法は誇大広告等の禁止、不当な勧誘等の禁止等、特定賃貸借契約の勧誘について規律を定めており、特定転貸事業者だけでなく、建設業者や不動産業者等であっても特定賃貸借契約の勧誘者に該当すれば、法律上の義務が課される。

ウ　賃貸住宅管理業者が登録の更新をせず、登録が効力を失った場合には、登録に係る賃貸住宅管理業者であった者は、当該賃貸住宅管理業者が締結した管理受託契約に基づく業務を結了する目的の範囲内であっても、その業務を実施することができない。

エ　国土交通大臣は、賃貸住宅管理業者が登録を受けてから１年以内に業務を開始せず、又は引き続き１年以上業務を行っていないと認めるときは、その登録を取り消すことができる。

❶　1つ
❷　2つ
❸　3つ
❹　4つ

ア　正しい

業務改善命令は、処分をしようとする日から過去５年以内に行われた違反行為が対象となる（賃貸住宅管理業法22条、賃貸住宅管理業者監督処分基準）。

イ　正しい

誇大広告等の禁止および不当な勧誘等の禁止に関しては、特定転貸事業者だけではなく、勧誘者も規制の対象者となる（同法28条、29条）。

ウ　誤り

登録の更新をせず登録が効力を失ったときには、賃貸住宅管理業者が締結した管理受託契約に基づく業務を結了する目的の範囲内においては、なお賃貸住宅管理業者とみなされる（同法第27条）。管理受託契約に基づく業務を結了する目的の範囲内であれば、その業務を実施することができる。

エ　正しい

賃貸住宅管理業者が登録を受けてから１年以内に業務を開始せず、または引き続き１年以上業務を行っていないことは登録の取消事由である（同法23条２項）。

正しいものは、ア、イ、エの３つである。

正解　❸

本問は、賃貸住宅管理業法の義務および監督の問題です。賃貸住宅管理業者および特定転貸事業者の履践すべき義務の理解を求めるとともに、義務に違反した場合の効果をたずねています。同法が施行されてから３年間の問題をみると、出題者は、受験者に対して、義務違反の効果を正しく知ることが必要だと考えていることが明らかです。受験勉強にあたっては、**賃貸住宅管理業法上、監督や罰則についてどのような定めがなされているか**を正しく知っておくことが必要です。なお、本問では賃貸住宅管理業者に関する事項（肢１、３、４）の中に、特定転貸事業者に関する事項（肢２）が混ざっており、受験者の混乱を招く出題のように思われます。

登録（必要性、拒否事由）

▶R05　問31　重要度B

賃貸住宅管理業者の登録に関する次の記述のうち、誤っているものはどれか。

❶　賃貸人から委託を受けて無償で管理業務を行っている場合、その事業全体において営利性があると認められるときであっても、賃貸住宅管理業者の登録が必要となることはない。

❷　特定転貸事業者は、200戸以上の特定賃貸借契約を締結している場合であっても、賃貸住宅の維持保全を200戸以上行っていなければ、賃貸住宅管理業者の登録をする義務はない。

❸　事業者が100室の事務所及び100戸の賃貸住宅について維持保全を行っている場合、賃貸住宅管理業者の登録をする義務はない。

❹　負債の合計額が資産の合計額を超えている場合であっても、直前２年の各事業年度において当期純利益が生じている場合には、賃貸住宅管理業者の登録拒否事由に該当しない。

❶ 誤っているので、正解

賃貸住宅管理業を営むには登録が必要となる。業でない（営利の意思がない）ならば登録は不要だが、無償で業務を引き受けていたとしても、その点のみをもって直ちに業ではないとはいえない（FAQ 集２（３）No.8）。

❷ 正しい

管理戸数200戸未満であれば、登録は不要である。管理戸数とは維持保全を行う管理戸数であり、特定転貸事業における契約対象住戸の数が200戸以上でも、維持保全を行う戸数が200戸未満なら、登録は不要である。

❸ 正しい

登録が必要となるのは200戸以上の賃貸住宅についての管理業を営む場合である。維持保全を行う賃貸住宅の数が100戸であるときには、このほかに100戸の事務所についての維持保全を行っていても、登録の必要はない。

❹ 正しい

財産的基礎を有しないことは登録の拒否事由となる（賃貸住宅管理業法６条１項10号）。登録申請日を含む事業年度の直前２年の各事業年度において当期純利益が生じている場合は、登録拒否事由に該当しない（「解釈・運用の考え方」第６条第10号関係、FAQ 集２No.15）。

正解 ❶

本問は**登録の必要性**と**登録の拒否事由の問題**です。肢１から肢３までは、登録の必要性の問題であり、いずれも登録の基礎知識がきかれています。

また、登録は、法定の拒否事由がなければ、申請があった場合に当然に登録がなされる仕組みです。本問の肢４は、登録の拒否事由のうち、相当細かいところを問うていますが、出題者は、登録に関しては、国土交通省の定めるルールについての完全な理解を求めていることがわかる問題です。**令和６年以降も**単に表面的なものだけでなく、**深い理解がなければ解けない問題がでることが予想されます。**登録の拒否事由は、試験問題となりやすいところでもありますから、しっかりと学習をしておかなければなりません。

管理業務の意味

▶R05　問32　重要度B

賃貸住宅管理業法における賃貸住宅管理業に関する次の記述のうち、誤っているものはどれか。

❶　賃貸人から委託を受けて、家賃の集金は行うが、賃貸住宅の居室及び共用部分の点検・清掃・修繕を、業者の手配も含め行っていない場合、賃貸住宅管理業に該当しない。

❷　賃貸人から委託を受けて、賃貸住宅の居室及び共用部分の点検・清掃・修繕を行う場合、家賃の集金は行っていなくても、賃貸住宅管理業に該当する。

❸　賃貸人から委託を受けて、賃貸住宅の居室及び共用部分の点検・清掃・修繕を行っているが、入居者のクレーム対応は行わない場合、賃貸住宅管理業に該当しない。

❹　賃貸人から委託を受けて、家賃の集金と入居者のクレーム対応は行うが、賃貸住宅の居室及び共用部分の点検・清掃・修繕を、業者の手配も含め行っていない場合、賃貸住宅管理業に該当しない。

❶ 正しい

管理業務とは、賃貸住宅の賃貸人から委託を受けて行う業務であって、AまたはBにあたるものである（賃貸住宅管理業法2条2項はしら書き）。

A．委託に係る賃貸住宅の維持保全を行う業務

B．家賃、敷金、共益費その他の金銭の管理を行う業務（Aと併せて行うものに限る）（同法2条2項2号）

賃貸人から委託を受けて、家賃の集金を行うが、居室および共用部分の点検・清掃・修繕を行っていない場合には、AとBのどちらにもあたらない。

❷ 正しい

家賃の集金は行っていなくても、賃貸住宅の居室および共用部分の点検・清掃・修繕を行う場合には、❶のAにあたる。

❸ 誤っているので、正解

賃貸人から委託を受けて、賃貸住宅の居室及び共用部分の点検・清掃・修繕を行う場合には、❶のAにあたり、入居者のクレーム対応は行わないことは、管理業務への該当性には影響を及ぼさない。

❹ 正しい

賃貸住宅の居室及び共用部分の点検・清掃・修繕を、業者の手配も含め行っていない場合には、❶のAとBのどちらにもあたらない。

正解 ❸

本問は、賃貸住宅管理業法における管理業務の意味を問う問題です。管理業務というのは、そもそもの日本語としての語義があいまいな用語であるのに加え、賃貸住宅管理業法において定義される意味内容も、わかりやすくありません。しかし、**いかなる行為が管理業務として法の規制のもとにおかれるか**は、賃貸住宅管理業法の入り口です。これからも必ず出題されますから、解説を読み込んで、正しく理解していただきたいと考えます。

勧誘者に対する規制

▶R05　問33　重要度B

問33 特定賃貸借契約の勧誘者に対する規制に関する次の記述のうち、正しいものはどれか。

❶　特定転貸事業者からの委託があっても、契約の内容や条件等に触れずに、一般的なサブリースの仕組みを説明した者や、単に特定転貸事業者を紹介したに過ぎない者は、賃貸住宅管理業法における勧誘者の規制が適用されない。

❷　特定転貸事業者から直接委託されたのではなく、特定転貸事業者から勧誘を委託された他の者からの再委託により勧誘行為を行ったに過ぎない者は、賃貸住宅管理業法における勧誘者の規制が適用されない。

❸　特定転貸事業者から明示的かつ書面により勧誘を委託されたのではなく、口頭で勧誘を依頼されたに過ぎない者は、賃貸住宅管理業法における勧誘者の規制が適用されない。

❹　特定転貸事業者からの委託があっても、不特定多数に向けた広告の中で、特定の事業者の特定賃貸借契約の内容や条件等を具体的に伝えたに過ぎない者は、賃貸住宅管理業法における勧誘者の規制が適用されない。

❶　正しいので、正解

勧誘は、特定賃貸借契約（マスターリース契約）締結の意思形成に影響を与えることをいう（「解釈・運用の考え方」第28条関係１、ガイドライン３（２））。一般的なサブリースの仕組みを説明すること、単に特定転貸事業者を紹介したりすることは、勧誘にはならない（「解釈・運用の考え方」第28条関係１、ガイドライン３（２））。

❷　誤り

勧誘行為が第三者に再委託される場合には、再委託を受けた第三者も勧誘者にあたる（「解釈・運用の考え方」第28条関係１）。再委託により勧誘行為を行う者にも、賃貸住宅管理業法における勧誘者の規制が適用される。

❸　誤り

明示的に委託されてはいないが、勧誘を任されるなどの状況にある者も、勧誘者にあたる（「解釈・運用の考え方」第28条関係１）。

❹　誤り

不特定多数に向けた広告の中で、特定の事業者の特定賃貸借契約の内容や条件等を具体的に伝えて特定賃貸借契約の締結を勧めた場合には、勧誘者にあたり、勧誘者に対する規制が適用される（ガイドライン３（２））。

正解　❶

賃貸住宅管理業法におけるサブリース規制（特定転貸借契約への規制）は、サブリース事業者（特定転貸事業者）に対してルールの遵守を義務づけるだけではなく、特定転貸借契約の当事者ではなく、特定転貸借契約を進める者（勧誘者）に対してもルールの遵守を義務づけています。この点は、賃貸住宅管理業法におけるサブリース規制の際だった特徴であり、賃貸不動産管理士の試験においても、**勧誘者に対する規制は、重要な出題ポイント**です。賃貸住宅管理業法が施行されてから毎年取り上げられており、令和５年にも、本問において、勧誘者に対する規制を、正面から独立した問題として出題しています。**令和６年以降も必ず出題されます**から、試験勉強の重点項目のひとつと考えておいてください。

誇大広告等の禁止

▶R05　問34　重要度A

賃貸住宅管理業法に定める誇大広告等の禁止に関する次の記述のうち、誤っているものはどれか。

❶　広告に表示されている内容と客観的な事実の相違が、その相違を知っていれば通常その特定賃貸借契約に誘引されると判断されない程度であれば、禁止される誇大広告等に該当しない。

❷　「家賃保証」との表示は、実際の特定賃貸借契約において定期的な家賃の見直しが予定されていないことを隣接する箇所に表示していれば、禁止される誇大広告等に該当しない。

❸　「○年間借上げ保証」との表示は、保証期間中であっても特定転貸事業者から解約をする可能性があることが表示されていなければ、禁止される誇大広告等に該当する。

❹　「入居者のトラブルにつき24時間対応」との表示は、休日や深夜は実際に賃貸住宅の維持保全は実施せず、受付業務を実施しているに過ぎないときは、禁止される誇大広告等に該当する。

❶ 正しい

誇大広告等として禁止されるのは、①虚偽広告と②誇大広告であり、著しく事実と相違する広告が①の虚偽広告になる。事実の相違が著しいかどうかは、広告に記載されていることと事実との相違を知っていれば、通常は契約に誘引されることはないであろう程度の相違かどうかによって判断される（「解釈・運用の考え方」第28条関係４、ガイドライン４（５））。

❷ 誤っているので、正解

減額請求が可能であるにもかかわらず、その旨を表示せず、「○年家賃保証」という表示をして、一定期間家賃収入が保証されているかのように誤解されるような表示をしている場合には、禁止される誇大広告等にあたる（ガイドライン４（７））。

❸ 正しい

契約期間中であっても業者から解約することが可能であるにも関わらずその旨を記載せずに、「30年一括借り上げ」と表示をすることは、禁止される誇大広告等にあたる（ガイドライン４（７））。

❹ 正しい

実際は休日や深夜は受付業務のみ、または全く対応されないにもかかわらず、「入居者のトラブルも24時間対応」と表示をすることは、禁止される誇大広告等にあたる（ガイドライン４（７））。

正解 ❷

誇大広告等の禁止は、不当な勧誘等の禁止とともに、賃貸住宅管理業法における特定転貸借契約規制の中核をなす規律です。誇大広告等の禁止については、国土交通省が、法律全体についての解釈・運用の考え方を公表するほか、「**サブリース事業に係る適正な業務のためのガイドライン**」を公表しており、試験問題の多くも、このガイドラインから作られています。令和６年以降も、ガイドラインを素材にした問題の出題が予想されますので、具体例を含めて、しっかりと学習をしておくことが必要です。

不当な勧誘等の禁止

▶R05　問35　重要度B

賃貸住宅管理業法に定める不当勧誘行為等の禁止に関する次の記述のうち、不適切なものはどれか。

❶　賃貸人から特定賃貸借契約の解除の申出があったため、翻意を促そうと賃貸人宅を訪れたところ、賃貸人から面会を拒否されたので、「なぜ会わないのか」と声を荒げて面会を強要する行為は、禁止される。

❷　特定転貸事業者の担当者が、特定賃貸借契約の相手方となろうとする者に対し、賃貸人からいつでも中途解約できると誤って告知した場合は、不当勧誘行為には該当しない。

❸　特定転貸事業者が、特定賃貸借契約の相手方になろうとする者に対し、維持保全に係る賃貸人の費用負担があるにもかかわらず、あえて負担なしと告知した場合、その者との間で実際に特定賃貸借契約が締結されなくとも、不当勧誘行為に該当する。

❹　不動産業者が、賃貸住宅用の土地の購入の勧誘とともに特定賃貸借契約の勧誘を行う場合には、土地の購入の勧誘を行う時点において、特定賃貸借契約のリスクを含めた事実を告知する必要がある。

❶ 適切

威迫行為は、相手方等に不安の念を抱かせる行為である。「なぜ会わないのか」などと声を荒げ、面会を強要し、相手方を拘束して動揺させるような行為は威迫にあたり、禁止される（賃貸住宅管理業法29条２号、同法施行規則44条１号、ガイドライン５（７）①）。

❷ 不適切なので、正解

不実告知（同法29条２号）は、事実でないことを認識していながら、故意によって事実に反することを告げることであるが、特定転貸事業者であれば当然に知っていると思われる事項を告げない場合には、故意が推認される（「解釈・運用の考え方」第29条関係４、FAQ 集４（３）No.1）。

❸ 適切

不当勧誘等については、事実の不告知・不実告知がなされれば禁止行為に該当する。実際に契約が締結されたか否か、実際に契約の相手方が契約解除を妨げられたか否かは問われない（「解釈・運用の考え方」第29条関係１・２、ガイドライン５（２））。

❹ 適切

建設業者や不動産業者等が、賃貸住宅の建設や土地等の購入の勧誘とともに特定賃貸借契約の勧誘を行う場合には、賃貸住宅の建設や土地等の購入の勧誘を行う時点において、告知が必要である（ガイドライン５（８））。

正解 ❷

不当な勧誘等の禁止は、誇大広告等の禁止とともに、賃貸住宅管理業法における特定転貸借契約規制の中核をなす規律です。もっとも、不当な勧誘等の禁止については、その禁止事項が法律には明記されておらず、いかなる行為が禁止になるのかが、規則に委ねられています。したがって、規則の定めにそって、試験勉強をすることが必要です。また、不当な勧誘等の禁止に関しても、国土交通省が示した「サブリース事業に係る適正な業務のためのガイドライン」の中で、その取り扱いが説明されています。これからも試験問題の多くがこのガイドラインから作られることになりますので、具体例を含めて、しっかりと学習をしておかなければなりません。

特定賃貸借契約重要事項説明❶

▶R05 問36 重要度A

特定転貸事業者が、特定賃貸借契約を締結しようとする際に行う相手方への説明（以下、各問において「特定賃貸借契約重要事項説明」という。）に関する次の記述のうち、誤っているものはどれか。

❶ 賃貸住宅管理業務の委託を受けている物件について、新たに特定賃貸借契約を締結する場合、特定賃貸借契約重要事項説明が必要である。

❷ 特定賃貸借契約を締結する建物所有者に相続が発生した場合、各相続人に対し特定賃貸借契約重要事項説明を行うことが望ましい。

❸ 賃貸住宅管理業法施行前に締結されたマスターリース契約の契約期間が、同法施行後に満了し、契約を更新する場合、契約の内容に従前と変更がない場合であっても、特定賃貸借契約重要事項説明が必要である。

❹ 特定賃貸借契約を締結する建物所有者が当該建物を売却し、従前の建物所有者の賃貸人たる地位が同一内容によって新たな賃貸人に移転する場合、新たな賃貸人に特定賃貸借契約の内容が分かる書類を交付することが望ましい。

❶　正しい

従前賃貸住宅管理業務の委託を受けている物件が対象となる場合でも、新たに特定賃貸借契約を締結するのであれば、重要事項説明を行わなければならない（賃貸住宅管理業法30条１項）。

❷　正しい

賃貸住宅について、特定賃貸借契約期間中に相続によって賃貸人が変更された場合、従前と同一の内容で契約が承継される。ただ、新たな賃貸人（相続人）に契約内容が分かる書類を交付することが望ましいとされる（FAQ４．事業関連（サブリース）（４）特定賃貸借契約（マスターリース契約）に係る重要事項説明等18）。

❸　誤っているので、正解

法施行後に期間が満了し、契約の内容に変更がなく、契約の同一性を保ったままで契約期間のみを延長する場合は、説明は行わなくてよい（「解釈・運用の考え方」第30条関係１）。

❹　正しい

賃貸住宅について、特定賃貸借契約期間中にオーナーチェンジ等によって賃貸人が変更になった場合、従前と同一の内容で特定賃貸借契約が承継される。ただし、新たな賃貸人（相続人）に契約内容が分かる書類を交付することが望ましいとされる（FAQ４．事業関連（サブリース）（４）特定賃貸借契約（マスターリース契約）に係る重要事項説明等18）。

正解　❸

特定賃貸借契約を締結しようとするときには、特定転貸事業者（サブリース業者）は、賃貸人に対して、重要事項説明を行わなければなりません。**特定賃貸借契約の重要事項説明**は、賃貸住宅管理業法の中でも、契約の相手方である賃貸人の利益を守るために、重要な意義をもつことから、賃貸住宅管理士の試験でも重んじられています。本問は、特定賃貸借契約のための重要事項説明の問題ですが、令和５年には本問を含め、特定賃貸借契約のための重要事項説明の問題が、３問出題されています（第38問、第39問）。

特定賃貸借契約重要事項説明❷（説明事項）

▶R05　問37　重要度A

問37　特定転貸事業者が行う特定賃貸借契約重要事項説明において、特定賃貸借契約の相手方になろうとする者に交付すべき書面（以下、各問において「特定賃貸借契約重要事項説明書」という。）に記載して説明すべき事項に関する次の記述のうち、誤っているものはどれか。

❶　特定賃貸借契約の対象となる賃貸住宅の建物設備

❷　賃貸人が賠償責任保険に加入しない場合は、その旨

❸　特定転貸事業者が行う維持保全の実施状況を賃貸人へ報告する頻度

❹　特定賃貸借契約の期間は家賃が固定される期間ではない旨

❶ 正しい

特定賃貸借契約の対象となる賃貸住宅は特定賃貸借契約重要事項説明における説明事項である（賃貸住宅管理業法規則46条２号）。ここで説明すべき賃貸住宅には、賃貸住宅の建物設備（ガス、上水道、下水道、エレベーター等）等が含まれる（「解釈・運用の考え方」第30条関係２（２））。

❷ 誤っているので、正解

賃貸人に賠償責任保険への加入の義務がなく、保険に加入しない場合には賃貸人に賠償責任保険に加入しないことは説明事項にはならない。なお、賃貸人に賠償責任保険等への加入の義務がある場合には賃貸人賠償責任保険等への加入が説明事項となる（「解釈・運用の考え方」第30条関係２（８））。

❸ 正しい

特定賃貸借契約の相手方に対する維持保全の実施状況の報告に関する事項が説明事項になる（同法施行規則46条６号）。賃貸人に報告する内容やその頻度が説明事項となる（「解釈・運用の考え方」第30条関係２（６））。

❹ 正しい

契約期間に関する事項が説明事項であり（同法施行規則46条９号）、契約の類型（普通借家契約、定期借家契約）とともに、契約の始期、終期、期間を説明すること、およびさらに契約期間は家賃が固定される期間ではないことの説明が必要となる（「解釈・運用の考え方」第30条関係２（９））。

正解 ❷

本問は、特定賃貸借契約の重要事項説明における説明事項の問題です。説明をなすべき説明事項は数が多く、すべてを把握するのは手間がかかります。しかし、特定賃貸借契約の重要事項説明が重要であることを考えれば、これから毎年取り上げられることになると思われます。ぬけがないように学習をしておくべきです。

なお、賃貸住宅管理業法においては、賃貸住宅管理の受託契約を締結する際の賃貸住宅管理業者についても、重要事項説明義務が課されています。説明方法などは類似の定めとなっていますが、説明事項は異なっています。混乱しないよう注意が必要です。

特定賃貸借契約重要事項説明❸（説明事項）

▶R05　問38　重要度A

特定賃貸借契約における建物所有者の金銭負担等に関する次の記述のうち、誤っているものはどれか。

❶　特定転貸事業者が行う維持保全について、費用負担者が設備により異なる場合は、特定賃貸借契約重要事項説明書には設備ごとの負担者を記載しなければならない。

❷　特定賃貸借契約で定める引渡日に物件を引き渡さないことで建物所有者が負うことになる違約金を定める場合は、その内容を特定賃貸借契約重要事項説明書に記載しなければならない。

❸　特定賃貸借契約を、定期建物賃貸借により締結する場合、家賃は減額できない旨の特約を定めていても、特定転貸事業者は家賃の減額請求ができる場合があることを建物所有者に説明しなければならない。

❹　特定転貸事業者が維持保全を行う設備について、経年劣化の修繕費用を建物所有者の負担とする場合、その旨を特定賃貸借契約重要事項説明書に記載しなければならない。

❶ 正しい

維持保全に要する費用の分担に関する事項が、説明事項である（賃貸住宅管理業法規則46条５号）。費用負担者が設備により異なる場合は、費用を負担すべき者について、設備毎に具体的な内容を書面に記載することを要する（「解釈・運用の考え方」第30条関係２（５））。

❷ 正しい

違約金に関する事項が、説明事項である（同法施行規則46条７号）。引渡日に物件を引き渡さない場合の債務不履行の違約金を定める場合はその内容を書面に記載することが必要である（「解釈・運用の考え方」第30条関係２（７））。

❸ 誤っているので、正解

定期建物賃貸借により特定賃貸借契約を締結する場合、家賃は減額できない旨の特約は有効である。定期建物賃貸借において家賃は減額できない旨の特約があっても家賃の減額請求ができる場合があるということ自体が誤っているから、書面に記載すべき事項ではない。

❹ 正しい

賃貸住宅の維持保全に要する費用の分担に関する事項が、説明事項である（同法施行規則46条５号）。経年劣化などについての費用を負担すべき者について、具体的な分担を書面に記載することを要する（「解釈・運用の考え方」第30条関係２（５））。

正解 ❸

チェック

本問は、特定賃貸借契約の重要事項説明における説明事項のうち、金銭負担等の問題です。全体の説明事項を第37問で扱いながら、説明事項のうち金銭負担等を特に取り上げていることは、出題者がいかに重要事項説明を重視しているかのあらわれということができましょう。肢３では、単に説明事項を知っているかどうかだけではなく、賃料減額請求の解釈にまで踏み込んだ問題となっていることは、注目されます。なお、令和４年問40でも、減額請求に関する特約の説明の問題がでています。

特定賃貸借標準契約書

▶R05　問39　重要度A

特定賃貸借標準契約書（国土交通省不動産・建設経済局令和３年４月23日更新）に準拠して特定賃貸借契約を締結した場合における次の記述のうち、誤っているものはどれか。

❶　貸主は、借主が建物の維持保全を行うために必要な情報を提供しなければならない。

❷　借主は、貸主が承諾した場合であっても、賃借権の一部を反社会的勢力に譲渡することはできない。

❸　借主は、清掃業務を第三者に再委託することができる。

❹　借主は、建物の維持保全の実施状況について、貸主と合意した頻度で報告の期日を定めた場合は、それ以外の時期に貸主から求められても実施状況について報告する必要はない。

❶ 正しい

「甲（貸主）は、乙（借主）が管理業務を行うために必要な情報を提供しなければならない」とされている（10条５項）。

❷ 正しい

「乙は、甲の承諾の有無にかかわらず、本物件の全部又は一部につき、反社会的勢力に賃借権を譲渡してはならない」とされている（８条２項）。

❸ 正しい

「乙は、頭書（６）に記載する維持保全を行わなければならない」（10条１項）、「乙は、頭書（６）に記載する業務の一部を、頭書（６）に従って、他の者に再委託することができる」とされている（10条２項）。

❹ 誤っているので、正解

「乙は、甲と合意に基づき定めた期日に、甲と合意した頻度に基づき定期に、甲に対し、維持保全の実施状況の報告をするものとする」「前項の規定による報告のほか、甲は、必要があると認めるときは、乙に対し、維持保全の実施状況に関して報告を求めることができる」とされている（13条１項・２項）。

正解 ❹

本問は、国土交通省の策定した特定**賃貸借標準契約書**を題材にした問題です。特定賃貸借標準契約書は、実務的にも重要な参考書式（ひな型）なので、賃貸不動産経営管理士の試験でも、受験生がこれを学んでいることを想定した出題がなされます。

人の死の告知に関するガイドライン

▶R05　問40　重要度B

「宅地地建物取引業者による人の死の告知に関するガイドライン」（国土交通省不動産・建設経済局令和３年10月公表）に関する次の記述のうち、賃貸借契約の媒介を行う宅地建物取引業者の対応として最も適切なものはどれか。

❶　自然死又は日常生活の中での不慮の死（以下「自然死等」という。）以外の死が発生した居室について、新たに賃借人が入居し、退去したという事情がある場合は、当該死の発生日から３年以内に賃貸借契約を締結するときでも、当該死について告知義務はない。

❷　日常生活上使用する共用部分において自然死等以外の死があった場合、当該死の発生日から３年以内に賃貸借契約を締結するときは、当該死について告知義務がある。

❸　居室内において自然死等以外の死があった場合、当該死の発生日から３年以内に隣の部屋について賃貸借契約を締結するときは、当該死について告知義務がある。

❹　居室内で発生した事件により人が死亡し、当該死の発生日から３年を経過した場合は、それが社会的に影響のある事件であったときでも、賃貸借契約を締結する際、当該死について告知義務はない。

❶ 不適切

自然死等以外の死が発生した居室については、これを認識している宅地建物取引業者が媒介を行う際には、自然死等以外の死から概ね３年間は、借主に対してこれを告げなければならない。

❷ 最も適切なので、正解

日常生活上使用する共用部分において自然死等以外の死があった場合には、自然死等以外の死から概ね３年間は、借主に対してこれを告げなければならない。

❸ 不適切

自然死等以外の死の告知義務が問題とされるのは、自然死等以外の死が発生した居室、および日常生活において通常使用する必要がある共用部分である。隣の部屋について賃貸借契約を締結するときは、その死についての告知義務はない。

❹ 不適切

自然死等以外の死の発生から概ね３年間を経過した後には原則として借主に対する告知義務はなくなるが、事件性、周知性、社会に与えた影響等が特に高い事案の場合には、例外的に借主に対する告知義務はなくならず、告知義務がある。

正解 

国土交通省は、令和３年に、売買や賃貸の対象物件や共用部分において発生した人の死の告知（説明）が、宅建業法上どのように取り扱われるのかを、「宅地建物取引業者による人の死の告知に関するガイドライン」（ガイドライン）によって示しました。賃貸住宅管理の観点からも、管理物件において人が死亡した場合に、どのような対応をとるか、困難な判断が迫られることがあり、そのために、賃貸不動産経営管理士の試験では、令和４年と令和５年に連続して出題されています。

障害者差別解消法

▶R05　問41　重要度B

宅地建物取引業者の障害者に対する対応に関する次の記述のうち、「国土交通省所管事業における障害を理由とする差別の解消の推進に関する対応指針」（平成29年３月）に照らし、誤っているものはどれか。

❶　宅地建物取引業者が障害者に対して「火災を起こす恐れがある」等の懸念を理由に仲介を断ることは、不当な差別的取扱いに該当しない。

❷　宅地建物取引業者が物件広告に「障害者お断り」として入居者募集を行うことは、不当な差別的取扱いに該当する。

❸　宅地建物取引業者が、合理的配慮を提供等するために必要な範囲で、プライバシーに配慮しつつ、障害者に障害の状況等を確認することは、不当な差別的取扱いに該当しない。

❹　宅地建物取引業者が障害者に対して障害を理由とした誓約書の提出を求めることは、不当な差別的取扱いに該当する。

❶ 誤っているので、正解

事業者は、障害を理由として障害者でない者と不当な差別的取扱いをしてはならない（障害者差別解消法８条１項）。宅建業者が、障害者に対して、「火災を起こす恐れがある」等の懸念を理由に、仲介を断ることは、不当な差別的取扱いとされる（国土交通省の対応指針）。

❷ 正しい

対応指針では、宅建業者が、障害者に対して、「当社は障害者向け物件を取扱っていない」として話も聞かずに門前払いすることは、不当な差別的取扱いとなる（国土交通省の対応指針）。

❸ 正しい

合理的配慮を提供等するために必要な範囲で、プライバシーに配慮しつつ、障害者に障害の状況等を確認することは、不当な差別的取扱いではない（国土交通省の対応指針）。

❹ 正しい

宅建業者が、障害者に対して、障害を理由とした誓約書の提出を求めることは、不当な差別的取扱いとされる（国土交通省の対応指針）。

正解 ❶

賃貸不動産経営管理士には、コンプライアンスが強く求められますが、なかでも人権感覚は、専門家として社会的な存在と認められるために、とても重要です。障害者差別解消法は、障害者の人権を守るための法律であり、賃貸住宅経営にも深くかかわりがあることから、令和５年と令和３年に出題されました。また、障害者差別解消法は改正されており、改正法は令和６年に施行されます。そのため、令和６年以降の試験問題では、改正後の障害者差別解消法が取り上げられることは、確実です。

賃貸不動産経営管理士の資格・業務

▶R05　問42　重要度A

賃貸不動産経営管理士に関する次の記述のうち、最も適切なものはどれか。

❶　一般社団法人賃貸不動産経営管理士協議会が行う賃貸不動産経営管理士試験は、業務管理者に必要とされる知識及び能力を有すると認められることを証明する事業（登録証明事業）に係る登録試験に位置づけられている。

❷　家賃の改定への対応、家賃の未収納の場合の対応事務については、業務管理者に選任された賃貸不動産経営管理士が行うことが賃貸住宅管理業法で義務付けられている。

❸　家賃、敷金、共益費その他の金銭の管理、帳簿の備え付け、秘密保持に関する事項については、業務管理者に選任された賃貸不動産経営管理士が自ら行うことが賃貸住宅管理業法で義務付けられている。

❹　契約終了時の債務の額及び敷金の精算の事務、原状回復の範囲の決定に係る事務、明渡しの実現について、業務管理者に選任された賃貸不動産経営管理士が行うことが賃貸住宅管理業法で義務付けられている。

❶ 最も適切なので、正解

業務管理者は、賃貸住宅管理業務に関し「国土交通省令で定める要件を備えるもの」でなければならない（賃貸住宅管理業法14条４項）。一般社団法人賃貸不動産経営管理士協議会が行う賃貸不動産経営管理士試験・登録事業が、登録証明事業とされ（令和３年７月６日国土交通省告示第780号）、賃貸不動産経営管理士の資格を有していれば、国土交通省令で定める要件を充たしていて、業務管理者となることができる。

❷ 不適切

業務管理者の行う事務は、管理監督である（同法12条１項）。自ら家賃の改定への対応、家賃の未収納の場合の対応を行うことは、業務管理者の事務とはされていない。

❸ 不適切

家賃、敷金、共益費その他の金銭の管理、帳簿の備え付け、秘密保持に関する事項を自ら行うことが業務管理者の事務とされているものではない（同法12条１項）。

❹ 不適切

契約終了時の債務の額及び敷金の精算の事務、原状回復の範囲の決定に係る事務、明渡しの実現を自ら行うことが業務管理者の事務とされているものではない（同法12条１項）。

正解 ❶

チェック

本問は、賃貸不動産経営管理士の資格の知識を問うとともに、**業務管理者の事務**を問う問題でもあります。賃貸不動産経営管理士は、現段階では、賃貸住宅管理業法に直接の根拠をもつ資格ではありません。同法に定めがある業者登録の要件としての業務管理者となりうる資格です。賃貸不動産経営管理士の試験では、業務管理者に関する知識はとても重視されており、令和５年に出題された問題では、第１問、第27問、第29問とあわせて、十分な検討をしておく必要があります。

賃貸不動産経営を支援する業務

▶R05　問43　重要度B

賃貸不動産経営管理士が行う、賃貸不動産経営を支援する業務に関する次の記述のうち、最も不適切なものはどれか。

❶　賃貸不動産経営管理士が賃貸不動産経営を支援する業務として予算計画書、物件状況報告書や長期修繕計画書を作成した場合には、専門家としての責任の所在を明確にするために文書に記名するとともに、賃貸人に対して口頭で説明することが望ましい。

❷　賃貸不動産経営管理士が行う予算管理には、予算計画書や収支報告書の作成があるが、目標とする予算を達成することが難しくなった場合は原因を分析し、収益の向上と費用の削減の観点から対応策を検討し、賃貸人に提言する役割を担うことが期待される。

❸　賃貸不動産経営管理士は、賃貸不動産経営を支援する役割を委託された専門家として、賃料水準の低下や空室期間の長期化の場合においても、賃貸経営の利益の安定や増加のための方策を示すことが求められ、課題と対策を物件状況報告書として賃貸人に提供することが期待される。

❹　賃貸不動産経営管理士は、管理受託している賃貸不動産について、5～10年程度の将来について、いつ、何を、どの程度、どのくらいの費用で修繕するかを示す長期修繕計画を作成して賃貸人に提案することにより、賃貸不動産経営を支援する役割を担うことが期待される。

❶ 適切

予算計画、物件状況報告や長期修繕計画の作成業務を行った場合には、報告内容は賃貸人に対して口頭で説明し、かつ書面によって賃貸人にその成果を報告するべきである。報告文書には、専門家としての責任の所在を明確にするために記名することが望ましい。

❷ 適切

目標とする予算を達成することが難しくなった場合には、賃貸不動産経営管理士は、原因を分析し、収益の向上と費用の削減の観点から対応策を検討し、賃貸人に提言する役割を担う。

❸ 適切

賃貸不動産経営管理士には、賃料水準の低下や空室期間の長期化が発生した場合には、賃貸経営の利益の安定や増加のための方策を示すことが求められる。課題と対策を物件状況報告書として賃貸人に提供することが望まれる。

❹ 最も不適切なので、正解

賃貸不動産経営管理士には、管理受託している賃貸不動産について、将来の修繕のための長期修繕計画を作成して賃貸人に提案することにより、賃貸不動産経営を支援する役割を担うことが期待される。将来としては、10～30年程度の将来を想定するべきである。

正解 

賃貸人の不動産経営を支援することも、賃貸不動産経営管理士の役割のひとつと考えられています。賃貸不動産経営管理士に期待されるのは、予算計画、長期修繕計画の立案、物件状況報告、将来の賃貸経営の見通しに基づく計画の変更などに、協力することです。これらの支援業務は、種類が多岐にわたり、広範囲にわたるものではありますが、賃貸不動産経営管理士の試験対策としては、「**賃貸不動産管理の知識と実務**」に記載されている内容を知ることで事足ります。賃貸不動産経営管理士として、不動産経営を支援するための基礎知識を押さえておくことは、将来業務に携わる際の基盤となりますから、試験対策を行うのと同時に、将来行う実務を見据えて、この「知識と実務」を読み込んでいただくのがよろしいと思います。

募集広告

▶R05　問44　重要度A

賃貸住宅の入居者の募集広告に関する次の記述のうち、最も不適切なものはどれか。

❶　管理業者が募集広告のために作成した間取り図は、賃貸人にも確認してもらう必要がある。

❷　募集広告に新築として記載する物件は、建築後１年未満であって、居住の用に供されたことがないものでなければならない。

❸　募集する貸室が集合住宅内である場合、最寄り駅までの所要時間算出の起点は募集対象の貸室の玄関である。

❹　すでに成約済みの物件をインターネット広告から削除せず掲載を継続すると、宅地建物取引業法で禁止されたおとり広告とされる場合がある。

要点　公正競争規約の定め

新築	建築後１年未満で、居住の用に供されたことがないもの
中古	建築後１年経過、または居住の用に供されことがあるもの
徒歩による所要時間	道路距離80mにつき１分間を要するものとして算出する ※未満の端数が生じたときは、１分とする
自転車による所要時間	走行に通常要する時間に加え、道路距離を明示する
広さの畳数表示	畳１枚当たりの広さは1.62㎡以上

❶ 適切

管理業者は、賃貸人の依頼を受けて業務を行うから、賃貸人が賃借人を募集する際に、募集広告のための図面を作成するときにも、いうまでもなく、賃貸人に確認してもらう必要がある。

❷ 適切

新築とは、建築後１年未満であって、居住の用に供されたことがないものとされている（不動産の表示に関する公正競争規約18条１項（１））。

❸ 最も不適切なので、正解

道路距離または所要時間を算出する際の物件の起点は、物件の区画のうち駅その他施設に最も近い地点である。マンションおよびアパートでは、建物の出入口が起点となる（表示規則第９（７））。

❹ 適切

おとり広告は、賃貸する意思のない物件や賃貸することのできない物件について広告を行うことである。著しく事実に相違するものとして、誇大広告に該当し、宅地建物取引業法に違反する行為になる。すでに成約済みの物件をインターネット広告から削除せず掲載を継続することは、宅地建物取引業法で禁止されたおとり広告となる。

正解 ❸

チェック

本問は募集広告の問題です。賃貸不動産経営管理士は、賃貸住宅の管理業務に携わるとともに、図面の作成などに関して、賃借人募集業務に協力することもあることから、募集広告が取り上げられました。

なお、令和６年には建築物省エネ法に基づく表示制度が始まります。募集広告に関与するにあたって、専門家として必ず知っておかなければならない専門知識であり、出題が予想されるテーマです。

税金（相続税・贈与税）

▶R05　問45　重要度Ｂ

相続税及び贈与税に関する次の記述のうち、最も不適切なものはどれか。

❶　贈与に関し相続時精算課税制度を選択すると、この制度により令和５年に贈与を受けた場合、その贈与を受けた財産は相続財産に加算されることになるが、その加算される金額は贈与時の評価額と相続時の評価額のいずれか低い金額とされる。

❷　被相続人の子がその相続に関して相続放棄の手続をとった場合、その放棄した者の子が代襲して相続人になることはできない。

❸　相続税の計算上、法定相続人が妻と子供３人の合計４人である場合、遺産に係る基礎控除額は3,000万円＋600万円Ｘ×４人＝5,400万円となる。

❹　小規模宅地等の特例により、相続財産である貸付事業用宅地等については、200㎡までの部分について評価額を50%減額することができる。

❶ 最も不適切なので、正解

相続時精算課税制度は、60歳以上の親または祖父母から、18歳以上の子または孫に財産を贈与した場合、暦年課税に代えて、贈与財産が2,500万円を超えても、超えた部分の金額について一律20%の税率の贈与税を支払えばよいという制度である。贈与を受けた財産は贈与時の評価額をもって、相続財産に加算される。

❷ 適切

代襲相続は、相続開始前の死亡、欠格事由（民法891条）、廃除（民法892条）があった場合に生じる（民法887条２項）。相続放棄の手続をとった場合については、相続放棄をした者の子は代襲相続人にはならない。

❸ 適切

基礎控除は、それぞれの相続人について、3,000万円＋600万円×法定相続人の数、という計算式によって算出される。

❹ 適切

小規模宅地等の特例は、相続財産に被相続人または被相続人と同一生計親族の居住用または事業用になっていた宅地等がある場合に、その評価額を一定の面積まで、80%または50%減額することができる制度である。貸付事業用宅地等に特例を適用する場合は、評価額を200㎡まで50%減額することができる。

本問は、相続税と贈与税の問題です。賃貸不動産経営管理士の業務が、賃貸住宅の所有者の相続や物件の贈与にかかわることが少なくないことを踏まえて、相続税などの問題が出題されることがあります。相続税については、基礎控除、評価減、相続時精算課税制度が素材として取り上げられることが多く、本問でも、これらが問題とされています。また、本問の肢２は、相続税の問題というよりは、相続の仕組みを問うものです。相続に関する基礎知識はどのような形で出題されても対応ができるような準備をしておく必要があります。

耐震構造

▶R05　問46（５点免除）　重要度Ａ

建物の構造に関する次の記述のうち、最も不適切なものはどれか。

❶　制振（制震）構造は、建物に入った地震力を吸収する制震部材（ダンパー）等を建物の骨組み等に設置することにより、振動を低減、制御する構造である。

❷　塔状の建物では、制振（制震）構造による風揺れ対策の効果は期待できない。

❸　免震構造は、建物に地震力が伝わりにくくするように、基礎と建物本体との間に免震ゴムなど免震装置を設け、揺れを低減する構造である。

❹　免震構造の免震装置部分は、定期的な点検と管理が必要である。

要点　耐震構造、制振（制震）構造、免震構造の特徴

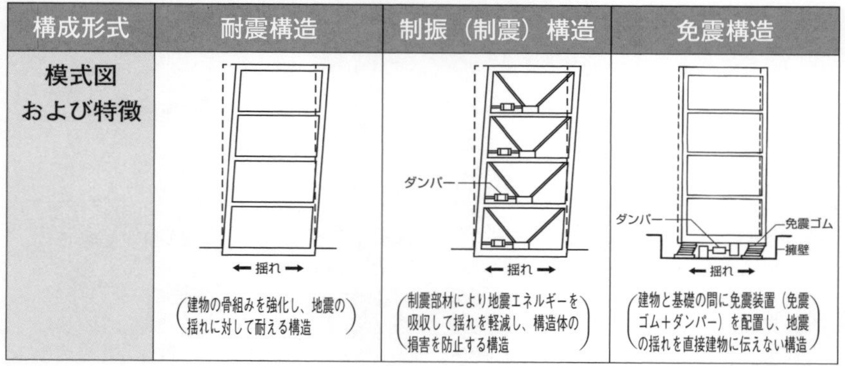

構成形式	耐震構造	制振（制震）構造	免震構造
模式図および特徴	建物の骨組みを強化し、地震の揺れに対して耐える構造	制震部材により地震エネルギーを吸収して揺れを軽減し、構造体の損害を防止する構造	建物と基礎の間に免震装置（免震ゴム＋ダンパー）を配置し、地震の揺れを直接建物に伝えない構造

出所：（一社）賃貸不動産経営管理士協議会「令和６（2024）年度版　賃貸不動産管理の知識と実務」（489頁）

❶ 適切

制振（制震）構造は、制振（制震）部材を設置し、建物に入った地震力を吸収して、振動を低減、制御する仕組みである。

❷ 最も不適切なので、正解

制振（制震）構造は、軽くてやわらかい建物に有効であって、塔状の建物においては、風揺れ対策にも効果が発揮できる。

❸ 適切

免震構造は、建物と基礎の間にクッション（免震ゴムとダンパー）を設け、地震の揺れを直接に建物に伝えないようにする構造である。建物に地震力を伝わりにくくして、建物の揺れを低減する仕組みである。

❹ 適切

免震構造では、免震装置として機械装置が使われる。機械装置については、地震時に有効に稼動するかどうかの定期的な点検が必要となる。

正解 ❷

チェック

賃貸不動産経営管理士の試験では、地震から人のくらしを守るという観点が重要視されます。令和５年の試験では、問12で歴史的経緯を踏まえた**地震対策**の問題が出るとともに、本問で建築構造の問題が出ています。建築からみた地震対策は、建築構造が中心的な課題であって、**耐震構造、制振（制震）構造、免震構造**という３つのタイプを理解しておくことは、試験対策のための学習のなかでも基礎知識です。これまでの試験でしばしば問いの素材になっていますが、これからも間違えなく問われることになります。必ず押さえるべき事項のひとつです。

給水設備

▶R05　問47（５点免除）　重要度Ａ

給水設備に関する次の記述のうち、不適切なものはどれか。

❶　給水圧力が高い場合などにおいて、給水管内の水流を急に締め切ったときに、水の慣性で管内に衝撃と高水圧が発生するウォーターハンマー現象は、器具の破損や漏水の原因となる。

❷　給水管内に発生する錆による赤水や腐食障害を防止するため、給水配管には、各種の樹脂ライニング鋼管・ステンレス鋼鋼管・銅管・合成樹脂管などが使用されている。

❸　クロスコネクションとは、飲料水の給水・給湯系統の配管が飲料水以外の系統の配管と接続されていることである。

❹　直結直圧方式は、水道水をいったん受水槽に貯め、これをポンプで屋上や塔屋等に設置した高置水槽に汲み上げて給水する方式であり、給水本管の断水や停電時にも短時間ならば給水が可能である。

❶ 適切

ウォーターハンマー現象とは、給水管内の水流を急に締め切ったときに、水の慣性で管内に衝撃と高水圧が発生する現象。器具の破損や漏水の原因となる。

❷ 適切

給水配管には、赤水が発生したり、腐食障害が生じたりしないように、樹脂ライニング鋼管・ステンレス鋼鋼管・銅管・合成樹脂管などが使用されている。

❸ 適切

クロスコネクションとは、飲料水の給水・給湯系統の配管とその他の系統の配管が配管・装置により直接接続される状況。一度吐水した水や飲料水以外の水が飲料水配管へ逆流し、飲料水の汚染の原因となる。

❹ 不適切なので、正解

直結直圧方式は、水道本管から分岐された給水管から各住戸へ直接給水する方式。水槽やポンプを介することなく、各住戸に給水される。給水本管が断水した場合には住宅内にも水が供給されない。

正解 

人が生きていくために必要不可欠な飲用水について、安定した供給を確保することは、賃貸住宅管理の重要な役割です。専門家としてその仕組みを知っておく必要があります。そのために、賃貸不動産経営管理士の試験においても、水道水の供給は、大事なテーマとして取り上げられます。水道水の供給の問題として多く出題されるのが、給水設備です。本問でも、**給水設備**がテーマとなっており、**給水方式**（肢４）、**配管の素材**（肢２）、給水トラブルの原因となる**ウォーターハンマー現象・クロスコネクション**（肢１・肢３）が素材とされています。給水と排水は水の問題の両輪であり、どちらもきちんとおさえておかなければなりません。

賃貸住宅を巡る社会状況

▶R05　問48（５点免除）重要度Ａ

賃貸住宅管理に関する次の記述のうち、不適切なものはいくつあるか。

ア　空き家を有効活用する場合、賃貸不動産として利用することは有力な選択肢であるが、建物所有者に賃貸住宅経営の経験がないケースが多いこと、修繕義務の所在など契約関係について特別な取り扱いが考慮される場合があること、現在賃貸市場に供給されていない不動産であることなどが阻害要因となる。

イ　民間賃貸住宅のセーフティネット機能の向上を図る観点から、住宅確保要配慮者の民間賃貸住宅への円滑な入居の促進を図るため、地方公共団体、関係業者、居住支援団体等により居住支援協議会が構成され、住宅情報の提供等の支援が実施されている。

ウ　「住生活基本計画」（令和３年３月19日閣議決定）は、「新たな日常」やDXの進展に対応した新しい住まい方の実現、頻発・激甚化する災害新ステージにおける安全な住宅・住宅地の形成と被災者の住まいの確保、子どもを産み育てやすい住まいの実現、脱炭素社会に向けた住宅循環システムの構築と良質な住宅ストックの形成などの目標を掲げている。

エ　引き続き成長産業として期待される不動産業の中・長期ビジョンを示した「不動産業ビジョン2030～令和時代の『不動産最適活用』に向けて～」（国土交通省平成31年４月24日公表）は、官民共通の目標としてエリア価値の向上を設定し、地域ニーズを掘り起こし、不動産最適活用を通じてエリア価値と不動産価値の相乗的な向上を図るとした。

❶　なし
❷　1つ
❸　2つ
❹　3つ

ア　適切

空き家問題を解決するには撤去と有効活用の２つの方向が考えられるところ、有効活用のためには空き家を賃貸することが有力な選択肢だが、契約関係について特別な取り扱いが必要なことや、賃貸市場に供給されていないことから、空き家の賃貸は広まってはいない。

イ　適切

低額所得者、被災者、高齢者、障害者、子供を養育する者、その他特に住宅の確保に配慮を要する者の民間賃貸住宅への円滑な入居の促進が求められ、居住支援協議会がつくられて、住宅情報提供などの活動が行われている。

ウ　適切

住生活基本計画では、「新たな日常」やDXの進展等に対応した新しい住まい方の実現（第１の目標）、頻発・激甚化する災害新ステージにおける安全な住宅・住宅地の形成と被災者の住まいの確保（第２の目標）、子どもを産み育てやすい住まいの実現（第３の目標）、脱炭素社会に向けた住宅循環システムの構築と良質な住宅ストックの形成（第６の目標）がそれぞれ目標とされている。

エ　適切

「不動産業ビジョン2030～令和時代の『不動産最適活用』に向けて～」（国土交通省平成31年４月24日公表）では、エリア価値の向上などが、不動産業の将来像として示されている。

いずれも適切であって、不適切なものはない。

正解　❶

チェック

賃貸住宅管理の専門家である賃貸不動産経営管理士は、不動産と住宅を巡る社会問題について、最新の状況と施策を把握しておかなければなりません。本問は、賃貸住宅に関する社会問題を集めています。

肢アは空き家関連です。空き家については、令和５年に空家等対策特別措置法の改正もありました。令和６年以降も、引き続いて試験問題として取り上げられるものと思われます。

肢イは住宅セーフティネット関連です。賃貸住宅には住宅確保要配慮者の住まいを用意するという機能もあります。住宅セーフティネットのためにどのような施策が講じられているのかの概要は理解しておかなければなりません。

肢ウの住生活基本計画と肢エの不動産業ビジョン2030は、社会状況を問題とする場合の定番の根拠資料です。ひととおり目をとおしておく必要があります。

税金（所得税・住民税、固定資産税、消費税）

▶R05　問49（５点免除）　重要度Ａ

不動産の税金に関する次の記述のうち、最も不適切なものはどれか。

❶　事務所・店舗などの賃料は消費税の課税売上であるが、住宅の貸付け（貸付期間が１か月未満のものを除く）による賃料は非課税売上である。

❷　所得税や住民税を支払った場合、これらの税金は不動産所得の計算上、必要経費に含めることができる。

❸　土地の固定資産税については、住宅（賃貸用も含む。）を建てることにより軽減される措置が設けられている。

❹　消費税に関して免税事業者が課税事業者（適格請求書発行事業者）になった場合には、令和５年10月１日から令和８年９月30日までの日の属する課税期間においては、納付税額を課税標準額に対する消費税額の２割とすることができる。

❶ **適切**

消費税は、貸付期間が１か月未満の土地および住宅の貸付けを除いて、住宅の貸付けによる賃料、共益費には課税されない。

❷ **最も不適切なので、正解**

不動産所得の計算において、所得税、住民税は必要経費に含めることはできない。

❸ **適切**

固定資産税については、たとえば、新築建物は120㎡（課税床面積）までの部分について３年間または５年間にわたって固定資産税が１/２とされるなど、建物を建てることにより軽減される措置が設けられている。

❹ **適切**

2023（令和５）年10月１日から、消費税の仕入税額控除の方式として適格請求書等保存方式（インボイス）制度が開始されたが、消費税に関して免税事業者が課税事業者（適格請求書発行事業者）になった場合には、納付税額を課税標準額に対する消費税額の２割とすることができる仕組みなどが設けられている。

本試験では出題範囲逸脱のため全員正解。

正解 ❷

本問は、所得税、固定資産税、消費税を材料とする問題です。税金の問題は、毎年１問か２問出ていますが（令和３年と令和４年はそれぞれ１問、令和５年は２問（第45問と本問））、多くの場合に取り上げられるのが、**所得税**と**固定資産税**です。肢２で問題とされた不動産所得を必要経費に含まれる税金の種類は、これまでも問題とされており、出題者が試験問題として問う内容として適切であると考えていることがうかがわれます。肢３の固定資産税は、賃貸住宅の管理業務を行う賃貸不動産経営管理士の素養として必要であると考えられ、出題されているものでしょう。また、消費税を取り上げることは多くありませんが、令和５年には消費税に関する大きな見直しがあったことから、本問では肢１と肢４の２つの肢が消費税の問題となっています。出題者が受験生に対して最新情報を取得し、学習しておくことを求めていることが表されているということができます。

不動産証券化の仕組み

▶R05　問50（５点免除）　重要度Ａ

不動産証券化の仕組みに関する次の記述のうち、誤っているものはどれか。

❶　不動産証券化の仕組みでは、活動の実態を有しないペーパーカンパニーが器（ビークル）として利用される。

❷　流動化型（資産流動化型）の証券化は、お金を集めてから投資対象が決まるタイプであり、はじめに投資資金がある場合に行われる不動産証券化の仕組みである。

❸　投資家からみて、デットによる投資は、利息の支払や元本の償還においてエクイティに優先して安全性が高いことから、リターンの割合は低くなる。

❹　ノンリコースローンの場合には、特定の事業や資産以外は、当該ローン債権実現のための引き当て（責任財産）とはならない。

❶ 正しい

器（ビークル）は、活動の実態を有しないペーパーカンパニーであり、投資家（金融・資本市場）との関係では、資金を集めたうえで、証券を発行し、運用によって得た利益を配分する。

❷ 誤っているので、正解

流動化型（資産流動化型）は、投資対象が先に決まり、後にお金を集めるタイプである。はじめに投資資金があり、お金を集めてから投資対象が決まるタイプの証券化の仕組みは、ファンド型といわれる。

❸ 正しい

デットによる投資は、利息の支払いや元本の償還においてエクイティに優先するものであり、利益が固定されるから、安全性が高いが、安全性の高さに対応して、リターンの割合は低くなり、ローリスク・ローリターンとなる。

❹ 正しい

ノンリコースローンとは、特定の事業や資産から生ずる収益だけを返済原資とする借入れである。特定の事業や資産以外は、その債権実現のための引き当てとなる責任財産にならない。

正解 ❷

チェック

賃貸不動産経営管理士の試験では、ほぼ毎年、不動産の証券化に関連する問題が出されており、本問では、不動産証券化の仕組みが問われています。これからも、知識と実務に記載されている範囲において、試験問題として**不動産証券化**が取り上げられるのではないかと思われますので、同書を確かめ、受験のための準備をしていただく必要があります。なお、知識と実務の最新版に新しく記載された事項は、これまでしばしば賃貸不動産経営管理士の試験の素材とされてきました。不動産証券化の仕組みに関しては、令和６年版の知識と実務では、**私募ファンド**の記載が追加された点には注目されます。

令和４年度
賃貸不動産経営管理士試験問題

令和4年11月20日

●四肢択一式 50 問　●120 分

管理受託契約重要事項説明❶（説明事項）

▶R04　問01　重要度A

賃貸住宅の管理業務等の適正化に関する法律（以下、各問において「管理業法」という。）に定める賃貸住宅管理業者が管理受託契約締結前に行う重要事項の説明（以下、各問において「管理受託契約重要事項説明」という。）の内容に関する次の記述のうち、適切なものはいくつあるか。

ア　管理業務の内容について、回数や頻度を明示して具体的に記載し、説明しなければならない。

イ　管理業務の実施に伴い必要となる水道光熱費や、空室管理費等の費用について説明しなければならない。

ウ　管理業務の一部を第三者に再委託する際には、再委託する業務の内容、再委託予定者を説明しなければならない。

エ　賃貸住宅管理業者が行う管理業務の内容、実施方法に関して、賃貸住宅の入居者に周知する方法を説明しなければならない。

❶　1つ
❷　2つ
❸　3つ
❹　4つ

ア　適切

賃貸住宅管理業者は、管理受託契約を締結する前に、委託者（賃貸住宅の賃貸人）に対し、書面を交付して定められた重要事項を説明しなければならない（賃貸住宅管理業法13条）。管理業務の内容および実施方法は、説明をするべき重要事項と定められている（賃貸住宅管理業法施行規則（規則）31条３号）。管理業務の内容は、回数や頻度を明示して具体的に記載して説明しなければならない。

イ　適切

管理業務の実施に伴い必要となる水道光熱費や、空室管理費等の費用は、説明をするべき重要事項と定められている（規則31条５号）。

ウ　適切

管理業務の一部の再委託に関する事項は、説明をするべき重要事項と定められている（規則31条６号）。再委託することとなる業務の内容、再委託予定者の説明が必要である。

エ　適切

賃貸住宅の入居者に対する賃貸住宅管理業者が行う管理業務の内容、実施方法の事項の周知に関する事項は、説明をするべき重要事項と定められている（規則31条10号）。

ア～エの記述は全部適切なので、適切なものは４つである。

正解　❹

管理受託契約締結前に行う重要事項は、いろいろな角度から作問されていますが、本問は説明事項を問題にしています。管理受託契約締結前の重要事項については、令和５年問２、令和４年問１、令和３年問２と連続して問われており、これからも毎年問われるものと予想されます。

管理受託契約重要事項説明❷（電磁的方法）

▶R04　問02　重要度Ａ

管理受託契約重要事項説明に係る書面（以下、各問において「管理受託契約重要事項説明書」という。）に記載すべき事項の電磁的方法による提供に関する次の記述のうち、最も不適切なものはどれか。

❶　賃貸住宅管理業者は、賃貸人の承諾を得た場合に限り、管理受託契約重要事項説明書について書面の交付に代え、書面に記載すべき事項を電磁的記録により提供することができる。

❷　管理受託契約重要事項説明書を電磁的方法で提供する場合、その提供方法や使用するソフトウェアの形式等、いかなる方法で提供するかは賃貸住宅管理業者の裁量に委ねられている。

❸　管理受託契約重要事項説明書を電磁的方法で提供する場合、出力して書面を作成することができ、改変が行われていないか確認できることが必要である。

❹　賃貸住宅管理業者は、賃貸人から電磁的方法による提供を受けない旨の申出があったときであっても、その後改めて承諾を得れば、その後は電磁的方法により提供してもよい。

❶ 適切

管理受託契約重要事項説明は、書面（管理受託契約重要事項説明書）を交付して行うことが必要である。ただし、賃貸人の承諾を得れば、書面に代えて電磁的方法で情報を提供することができる（賃貸住宅管理業法13条２項）。

❷ 最も不適切なので正解

電磁的方法による情報提供として認められるには、法に定められた方法で行い、かつ利用する方法についての賃貸人の承諾が必要である（賃貸住宅管理業法施行規則34条１項）。いかなる方法で提供するかは賃貸住宅管理業者の裁量に委ねられているものではない。

❸ 適切

電磁的方法による情報提供については、改変が行われていないか確認できること、および受信者が受信者ファイルへの記録を出力することにより書面を作成できるものでなければならない（賃貸住宅管理業法施行規則34条２項）。

❹ 適切

賃貸人が承諾した後であっても、賃貸人は書面等により電磁的方法による提供を受けない旨の申出をすることができる。申出がなされたときは、それ以降は電磁的方法による提供をしてはならない（賃貸住宅管理業法施行令２条２項）。

正解 ❷

電磁的方法を利用する情報提供は便利ですが、誰でも自由に使えるわけではありません。そのため、電磁的方法を利用する場合には、**相手方の承諾が必要**とされ、かつ方法に制約があります。本問は、電磁的方法による情報提供をする場合に関する問題ですが、このテーマは令和４年だけではなく、令和３年問３でも出題されています。これからの本試験でも管理受託契約の重要事項説明を電磁的方法によって情報提供する場合の取り扱いは、出題されることになりましょう。

標準管理受託契約書

▶R04　問03　重要度C

賃貸住宅標準管理受託契約書（国土交通省不動産・建設経済局令和３年４月23日公表。以下、各問において「標準管理受託契約書」という。）に関する次の記述のうち、最も不適切なものはどれか。

❶　鍵の管理（保管・設置、交換及びその費用負担）に関する事項は、賃貸住宅管理業者が行うこととされている。

❷　入居者から代理受領した敷金等は、速やかに賃貸人に引き渡すこととされている。

❸　賃貸住宅管理業者は、あらかじめ入居者に通知し、承諾を得なければ住戸に立ち入ることができないものとされている。

❹　賃貸住宅管理業者は、賃貸人との間で管理受託契約を締結したときは、入居者に対し、遅滞なく連絡先等を通知しなければならず、同契約が終了したときにも、管理業務が終了したことを通知しなければならないものとされている。

❶ 最も不適切なので正解

鍵の管理に関する事項は、委託者（賃貸住宅の賃貸人）が行うこととされている（標準管理受託契約書12条１項）。

❷ 適切

賃貸住宅管理業者は、入居者から代理受領した敷金等を、指定された口座への振込みにより、速やかに委託者（賃貸住宅の賃貸人）に引き渡さなければならないとされている（標準管理受託契約書７条１項）。

❸ 適切

賃貸住宅管理業者は、管理業務を行うため必要があるときは、住戸に立ち入ることができる（標準管理受託契約書17条１項）、この場合において、あらかじめその旨を本物件の入居者に通知し、その承諾を得なければならないとされている（標準管理受託契約書17条２項本文）。

❹ 適切

賃貸住宅管理業者は、管理受託契約を締結したときは、入居者に対し、遅滞なく、管理業務の内容・実施方法および賃貸住宅管理業者の連絡先を記載した書面または電磁的方法により通知する（標準管理受託契約書23条１項）、管理受託契約が終了したときは、委託者（賃貸住宅の賃貸人）および賃貸住宅管理業者は、入居者に対し、遅滞なく、乙による本物件の管理業務が終了したことを通知しなければならないとされている（標準管理受託契約書23条２項）。

正解　❶

受託契約の締結時書面

▶R04　問04　重要度A

管理受託契約の締結時に交付する書面に関する次の記述のうち、正しいものはどれか。

❶　管理受託契約を、契約の同一性を保ったまま契約期間のみ延長する内容で更新する場合には、更新時に管理受託契約の書面の交付は不要である。

❷　管理受託契約重要事項説明書と管理受託契約の締結時に交付する書面は、一体の書面とすることができる。

❸　管理受託契約は、標準管理受託契約書を用いて締結しなければならず、内容の加除や修正をしてはならない。

❹　管理受託契約締結時の交付書面は、電磁的方法により提供することはできない。

要点　**電磁的方法による情報提供の方法**

●電磁的方法による情報提供には、以下の４つの方法がある。

❶電子メール等
❷ウェブサイトの閲覧等
❸送信者側で備えた受信者ファイル閲覧
❹ CD-ROM、DVD、USB メモリ、磁気ディスク等の交付

賃貸住宅管理業者は、管理受託契約の変更契約を締結したときは、管理業務を委託する賃貸住宅の賃貸人（委託者）に対し、定められた事項を記載した書面（契約締結時書面）を交付しなければならない（賃貸住宅管理業法14条１項）。しかし、契約の同一性を保ったままで契約期間のみを延長する場合には、契約締結時書面の交付は必要がない。

❷ 誤り

重要事項説明書と締結時書面を一体のものとして交付することはできない。

❸ 誤り

賃貸住宅標準管理受託契約書は、賃貸住宅に共通する管理事務に関する標準的な契約内容を定めたものであり、実際の契約書作成にあたっては、個々の状況や必要性に応じて内容の加除、修正を行い活用されるべきものである。内容の加除や修正をしてはならないことはない。

❹ 誤り

賃貸住宅管理業者は、契約締結時書面の交付に代えて、賃貸人の承諾を得て、書面に記載すべき事項を電磁的方法により提供することができる（賃貸住宅管理業法14条２項・13条２項）。

正解	❶

請　負

▶R04　問05　重要度A

賃貸住宅管理業者であるAが、賃貸人であるBとの管理受託契約に基づき、管理業務として建物の全体に及ぶ大規模な修繕をしたときに関する次の記述のうち、誤っているものはどれか。

❶　引き渡された建物が契約の内容に適合しないものであるとして、Aに対して報酬の減額を請求したBは、当該契約不適合に関してAに対し損害賠償を請求することができない。

❷　引き渡された建物が契約の内容に適合しないものである場合、Bがその不適合を知った時から１年以内にその旨をAに通知しないと、Bは、その不適合を理由として、Aに対し担保責任を追及することができない。

❸　引き渡された建物が契約の内容に適合しないものである場合、Bは、Aに対し、目的物の修補を請求することができる。

❹　Aに対する修繕の報酬の支払とBに対する建物の引渡しとは、同時履行の関係にあるのが原則である。

要点　**請負における契約不適合責任**

●引き渡された目的物が契約に適合しない場合には、次の❶〜❹ができる

❶追完請求（履行請求）	修補または代替物の引渡しの請求。ただし、契約不適合が注文者の責任によって生じた場合、不可
❷代金減額請求	追完を催告しても追完がない場合、代金の減額を請求できる
❸損害賠償請求	債務不履行に基づいて、発注者がうけた損害の賠償を請求できる
❹解除	催告しても履行されない場合、契約を解除できる 契約不適合が軽微ならば解除はできない

※不適合が、注文者の供した材料・注文者の指図による場合、請負人は責任を負わない。ただし、請負人が材料・指示が不適当と知って告げなければ、責任を負う

❶　誤り

請負契約において、引き渡された目的物が契約不適合であり、追完されないときは、注文者は不適合の程度に応じて報酬の減額を請求することができる（民法563条1項、同法559条）。報酬（請負代金）の減額請求をしたときであっても、あわせて債務不履行に基づく損害賠償請求をすることは否定されない（民法415条、同法559条）。

❷　正しい

契約不適合責任を追及するには、注文者が不適合を知った時から1年以内に請負人に通知をすることが必要である。1年以内に請負人に通知をしなければ、注文者は、契約不適合を理由として、担保責任を追及することができない（民法637条1項）。

❸　正しい

修補による追完請求は契約不適合責任の内容となっており、引き渡された目的物が契約不適合であるときは、注文者は、請負人に対し、目的物の修補を請求することができる（民法559条本文・562条）。

❹　正しい

報酬の支払いと目的物の引渡しは同時履行となり、注文者は、報酬（請負代金）を、仕事の目的物の引渡しと同時に、支払わなければならない（民法633条本文）。

正解　❶

管理業務の報告義務

▶R04　問06　重要度A

次の記述のうち、管理業法上、賃貸住宅管理業者が、委託者の承諾を得て行うことが可能な管理業務報告の方法として正しいものはいくつあるか。

ア　賃貸住宅管理業者から委託者に管理業務報告書をメールで送信する方法

イ　賃貸住宅管理業者から委託者へ管理業務報告書を CD-ROM に記録して郵送する方法

ウ　賃貸住宅管理業者が設置する委託者専用のインターネット上のページで、委託者が管理業務報告書を閲覧できるようにする方法

エ　賃貸住宅管理業者から委託者に管理業務報告書の内容を電話で伝える方法

❶　1つ
❷　2つ
❸　3つ
❹　4つ

要点　電磁的方法（情報通信の技術）を利用する方法による報告

- 電磁的方法を利用するには、委託者の承諾が必要
  ※承諾を得て電磁的方法による報告をすれば、管理業務報告書を交付したものとみなされる
- 電磁的方法には、以下の４種類の方法がある

❶電子メール等による方法（※）
❷ウェブサイトの閲覧等による方法（※）
❸送信者側で備えた受信者ファイルを閲覧する方法（※）
❹磁気ディスク等を交付する方法（※）

（※）いずれの方法においても、委託者が委託者ファイルへの記録を出力することにより書面を作成できるものであることが必要

ア　正しい

賃貸住宅管理業者は、管理業務報告書の交付に代えて、委託者の承諾を得て（賃貸住宅管理業法施行規則40条）、電磁的方法により記載事項を提供することができる。電子メールで送信する方法は、報告方法として認められる（同法施行規則40条第2項1号イ・4項）。

イ　正しい

賃貸住宅管理業者は、管理業務報告書をCD-ROMに記録して郵送する方法により記載事項を提供することができる（同法施行規則40条2項2号）。

ウ　正しい

賃貸住宅管理業者は、賃貸住宅管理業者が設置する委託者専用のインターネット上のページで委託者が管理業務報告書を閲覧できるようにする方法により記載事項を提供することができる（同法施行規則40条2項1号ハ）。

エ　誤り

賃貸住宅管理業者から委託者に管理業務報告書の内容を電話で伝える方法は、報告方法として認められない。

正しいものは、ア、イ、ウの3つである。

賃貸住宅の管理の実務

▶R04　問07　重要度A

賃貸住宅の管理に関する次の記述のうち、適切なものはいくつあるか。

ア　賃貸住宅が長期にわたり必要な機能と収益性を保持するためには、建物の劣化状況等の現状を知ることが必要であり、新築時とその後の維持管理の履歴情報の蓄積と利用は、必要なメンテナンスを無駄なく行うことにつながる。

イ　天井からの漏水が、建物の劣化に起因せず、上階入居者の使用方法に原因があると判明した場合、上階入居者が付保する賃貸住宅居住者総合保険と、建物所有者が付保する施設所有者賠償保険を適用できる。

ウ　貸室の引渡しにあたっては、鍵の引渡しの際に、管理業者と賃借人が立会い等により貸室の客観的な情報を残しておくことで、後日の修繕や原状回復に関するトラブルの防止にもつながる。

❶　なし
❷　1つ
❸　2つ
❹　3つ

ア　適切

賃貸住宅の管理においては、補修を必要とする部分を早期に発見して必要なメンテナンスを無駄なく行うこと、および計画的な修繕を行うことによって、長期にわたり必要な機能と収益性を保持することが可能になる。

イ　適切ではない

建物所有者が付保する施設所有者賠償保険は、賃貸住宅の施設そのものの構造上の欠陥や管理の不備によって生じた損害に対して付保されるものであるから、上階入居者の貸室の使用方法に起因して損害が生じた場合には、建物所有者が付保する施設所有者賠償保険を適用することはできない。

ウ　適切

賃貸住宅の修繕や原状回復では、引渡し時にすでに存在した汚損や損傷かどうかが問題になることがあるので、引渡し時に管理業者と借主が貸室の状況を互いに確認して客観的な情報を残しておくことによって、トラブルを予防することができる。

適切なものは、アとウの2つである。

正解　3

秘密を守る義務

▶R04　問08　重要度A

管理業法に規定する秘密を守る義務に関する次の記述のうち、正しいものの組合せはどれか。

ア　秘密を守る義務は、管理受託契約が終了した後は賃貸住宅管理業を廃業するまで存続する。

イ　賃貸住宅管理業者の従業者として秘密を守る義務を負う者には、アルバイトも含まれる。

ウ　賃貸住宅管理業者の従業者として秘密を守る義務を負う者には、再委託を受けた者も含まれる。

エ　株式会社たる賃貸住宅管理業者の従業者が会社の命令により秘密を漏らしたときは、会社のみが30万円以下の罰金に処せられる。

❶　ア、イ
❷　イ、ウ
❸　ウ、エ
❹　ア、エ

ア　誤り

賃貸住宅管理業者は、賃貸住宅管理業を営まなくなった後においても、業務上取り扱ったことについて知り得た秘密を他に漏らしてはならない（賃貸住宅管理業法21条１項）。賃貸住宅管理業を廃業した後も、秘密を守る義務は続くことになる。

イ　正しい

賃貸住宅管理業者の指揮命令に服しその業務に従事する者は秘密を守る義務を負う。アルバイトであっても賃貸住宅管理業者の従業者であるから秘密を守らなければならない。

ウ　正しい

賃貸住宅管理業者の指揮命令に服しその業務に従事する者は秘密を守る義務を負うのであり、再委託契約に基づき管理業務の一部の再委託を受ける者等賃貸住宅管理業者と直接の雇用関係にない者も秘密を守らなければならない（「解釈・運用の考え方」第21条関係）。

エ　誤り

秘密を守る義務の違反行為は、30万円以下の罰金に処せられる（賃貸住宅管理業法44条７号）。賃貸住宅管理業者の従業者が秘密を漏らしたときは、両罰規定によって会社も罰金に処せられるが（賃貸住宅管理業法45条）、従業員にも罰金が科される。

正しいものの組合せは、イとウである。

正解　❷

建築基準法による調査報告

▶R04　問09　重要度A

賃貸住宅管理業者が管理する賃貸住宅が建築基準法第12条第１項による調査及び報告を義務付けられている場合に関する次の記述のうち、正しいものはいくつあるか。

ア　調査及び報告の対象は、建築物たる賃貸住宅の敷地、構造及び建築設備である。

イ　調査を行うことができる者は、一級建築士、二級建築士又は建築物調査員資格者証の交付を受けている者である。

ウ　報告が義務付けられている者は、原則として所有者であるが、所有者と管理者が異なる場合には管理者である。

エ　調査及び報告の周期は、特定行政庁が定めるところによる。

❶　1つ
❷　2つ
❸　3つ
❹　4つ

要点　**定期検査・検査の種類等**

種類	対象物	回数
特定建築物の定期調査	敷地、構造、防火設備、避難設備	１年に１回または３年に１回（共同住宅の場合は3年に１回）
防火設備の定期検査	防火設備	１回／年
建築設備の定期検査	換気設備、排煙設備、非常用の照明装置、給排水衛生設備（ビル管法・水道法で指定する設備を除く）	１回／年
昇降機等の定期検査	エレベーター、エスカレーター、小荷物専用昇降機（テーブルタイプは除く）	１回／年

ア　正しい

建築基準法12条１項による調査・報告の義務は、多数の人が利用する建築物の敷地、構造および建築設備が対象である。

イ　正しい

調査・検査を行うためには資格が必要である。調査・検査は、一級建築士、二級建築士、建築物調査員資格者証の交付を受けている者によって行われなければならない。

ウ　正しい

報告義務を負うのは所有者または管理者であり、所有者と管理者が異なる場合には管理者が義務を負う（建築基準法12条１項かっこ書き）。

エ　正しい

調査・報告は、原則として特定建築物は１年に１回または３年ごとに１回、防火設備・建築設備・昇降機遊戯施設はいずれも１年ごとに１回行うのが原則だが、具体的には特定行政庁が定める周期による。

ア～エの記述は全部正しいので、正しいものは４つである。

原状回復ガイドライン❶

▶R04　問10　重要度A

「原状回復をめぐるトラブルとガイドライン（再改訂版）」（国土交通省住宅局平成23年８月。以下、各問において「原状回復ガイドライン」という。）に関する次の記述のうち、適切なものはいくつあるか。

ア　借主の負担は、建物、設備等の経過年数を考慮して決定するものとし、経過年数による減価割合は、償却年数経過後の残存価値が10%となるようにして算定する。

イ　中古物件の賃貸借契約であって、入居直前に設備等の交換を行っていない場合、入居時点の設備等の価値は、貸主又は管理業者が決定する。

ウ　借主が通常の住まい方をしていても発生する損耗であっても、その後の借主の管理が悪く、損耗が拡大したと考えられるものは、借主が原状回復費用を全額負担する。

エ　経過年数を超えた設備等であっても、継続して賃貸住宅の設備等として使用可能なものを借主が故意又は過失により破損した場合、借主は新品に交換する費用を負担する。

❶　なし
❷　1つ
❸　2つ
❹　3つ

ア　誤り

ガイドラインは、建物、設備等を耐用年数経過時に残存簿価が１円になるものとして償却し、借主の負担額を算定している。

イ　誤り

入居時点の設備等の価値については、貸主や管理業者が決定するのではなく、客観的価値によって決められる。

ウ　誤り

借主の手入れ等賃借人の管理が悪く、損耗が発生・拡大したと考えられるものについては、損耗発生・拡大分が借主の負担となる。原状回復費用の全額を借主が負担するものではない。

エ　誤り

経過年数を超えた設備等であって、継続して賃貸住宅の設備等として使用可能なものを借主が破損した場合には、従来機能していた状態まで回復させるための費用（修補費用）が借主負担となる。借主負担は新品に交換する費用ではない。

ア～エは全部誤っているので、正しいものはない。

原状回復は、賃借人の故意過失によって発生させた損耗やキズだけではなく、故意過失がなくても生じていた損耗やキズを、故意過失によって拡大させた場合にも問題になります。この場合については、２つの事項を理解しておかなければなりません。第１に賃借人に補修費用の負担が生じること、第２に賃借人が負担すべき費用は、損耗やキズの拡大部分の補修費用であって、原状回復費用全額ではないことです。本問の肢ウではこのことが問われています。

原状回復ガイドライン❷

▶R04　問11　重要度A

原状回復ガイドラインにおける借主の負担に関する次の記述のうち、適切なものはどれか。

❶　補修工事が最低限可能な施工単位を基本とするが、いわゆる模様合わせや色合わせについては、借主の負担とする。
❷　タバコのヤニがクロスの一部に付着して変色した場合、当該居室全体のクリーニング又は張替費用を借主の負担とする。
❸　畳の補修は原則１枚単位とするが、毀損等が複数枚にわたる場合、当該居室全体の補修費用を借主の負担とする。
❹　鍵は、紛失した場合に限り、シリンダーの交換費用を借主の負担とする。

要点　賃借人負担となる場合の各部位の施工単位

部位	施工単位
畳	●原則１枚単位 ●毀損等が複数枚の場合は、その枚数 ●模様合わせ、色合わせは賃借人の負担ではない
壁・天井（クロスなど）	●㎡単位が望ましいが、毀損箇所を含む１面分までは賃借人負担としてもやむをえない ●模様合わせ、色合わせは賃借人の負担ではない ●面ごとに色や模様が合っていなくても価値の減少は小。複数面の色や模様を合わせることまでは不要 ●タバコ等のヤニや臭いで変色したり、臭いが付着している場合は、居室全体のクリーニングまたは張替費用

❶　適切ではない

畳、カーペット、フローリング、クロスなどの補修は可能な限り毀損部分の最小の施工単位で行うべきであり、いわゆる模様合わせ、色合わせは、借主に負担させることはできない。

❷　適切ではない

タバコのヤニによって居室全体のクロスが変色したり臭いが付着した場合には居室全体のクリーニングまたは張替費用は借主負担だが、居室の一部が変色したり臭いがついただけの場合には、居室全体ではなく、居室の一部についてのクリーニングまたは張替費用が借主負担となる。

❸　適切ではない

畳の補修は１枚単位が原則であり、毀損等が複数枚にわたる場合は、毀損等の枚数についての補修費用が借主負担となる。居室全体の補修費用が借主負担となるものではない。

❹　適切なので正解

鍵を紛失した場合にはシリンダーの交換費用は借主負担となる。鍵を紛失していないなどの場合には、シリンダーの交換費用は借主負担ではない。なお、シリンダーの交換費用が借主負担となるのは鍵を紛失した場合に限らないが、本問では、❶～❸が適切ではないから、出題者としては、❹を正解として取り扱っているものと思われる。

正解　❹

構造形式（建築工法）

▶R04　問12　重要度A

建物の構造形式に関する次の記述のうち、最も不適切なものはどれか。

❶　鉄筋コンクリート造は、建設工事現場でコンクリートを打ち込むので、乾燥収縮によるひび割れは発生しにくい。

❷　ラーメン構造は、各節点において部材が剛に接合されている骨組であり、鉄筋コンクリート造の建物に数多く用いられている。

❸　CLT 工法は、木質系工法で、繊維方向が直交するように板を交互に張り合わせたパネルを用いて、床、壁、天井（屋根）を構成する工法である。

❹　壁式鉄筋コンクリート造は、ラーメン構造と異なり、柱が存在しない形式で耐力壁が水平力と鉛直荷重を支える構造であり、特に低層集合住宅で使われている。

❶ 最も不適切なので正解

コンクリートは、乾燥収縮しやすく、鉄筋コンクリート造（RC 造）は、コンクリートの乾燥収縮によって、ひび割れが発生しやすいという短所がある。

❷ 適切

ラーメン構造とは、柱と梁を一体化した骨組構造である。鉄筋コンクリート造の建物では一般に多く用いられている。

❸ 適切

CLT 工法は、繊維方向で直交するように板を交互に張り合わせたパネルを用いて床、壁、天井（屋根）を構成する工法である。耐震性、断熱性、遮炎性などに優れ、材料寸法の安定性が高い。

❹ 適切

壁式鉄筋コンクリート造は、柱がなく、耐力壁、床スラブ、壁ばりによって、水平力と鉛直加重を支える構造である。建物に柱や梁の形が出てくることがなく、空間を有効に使えるという長所があり、低層集合住宅で使われている。

正解 ❶

要点 構造形式（建築工法）

【❶ラーメン構造】

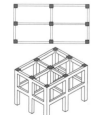

【❷壁式構造】

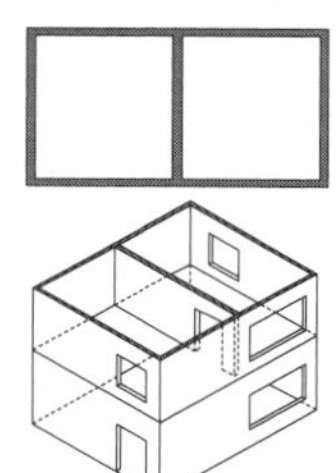

出所：（一社）賃貸不動産経営管理士協議会「令和６（2024）年度版　賃貸不動産管理の知識と実務」（471頁）

避難施設

▶R04　問13　重要度A

建築基準についての法令の避難規定に関する次の記述のうち、誤っているものはいくつあるか。

ア　共同住宅では、居室の各部分から直通階段までの距離の制限がある。

イ　共同住宅の6階以上の階には、居室の床面積にかかわらず直通階段を2つ以上設置する必要がある。

ウ　建築物の各室から地上へ通じる避難通路となる廊下や階段（外気に開放された部分は除く。）には、非常用照明の設置義務が課されている。

❶　なし
❷　1つ
❸　2つ
❹　3つ

要点　**建築基準法による規制**

階段	●共同住宅の階における居室の床面積の合計が100㎡（耐火構造・準耐火構造の場合は200㎡）を超える場合および ●共同住宅の6階以上の階 ➡階から避難するための**直通階段**が**2つ以上**必要 主要構造部が**準耐火構造**または**不燃材料**の場合、**直通階段に至る歩行距離**50m以下（その他の場合は30m以下） ●直上階の居室の床面積200㎡を超える階 ➡階段の幅120cm 以上 ●屋外階段 ➡幅90cm 以上
廊下	●共同住宅の住戸の床面積の合計が100㎡を超える階の廊下の幅 ➡廊下の片側だけに居室のある場合には1.2m以上 ➡廊下の両側に居室のある場合には1.6m以上

直通階段（その階から直接外部に避難できる階に直通している階段）は、建築物の避難階以外の階については、居室の各部分からその一に至る歩行距離に制限が加えられている。

イ　正しい

共同住宅では、６階以上の階でその階に居室を有するものについては、原則、直通階段を２つ以上設けなければならない（建築基準法施行令121条１項６号イ）。

ウ　正しい

建築物の各室から地上へ到る避難通路となる廊下や階段には、非常用照明（バッテリーを内蔵した照明器具で、停電時に自動的に点灯するもの）を設置しなければならない（建築基準法35条、建築基準法施行令126条の４）。

ア、イ、ウの記述は全部正しいので、誤っているものはない。

正解　❶

内装・防火区画・界壁

▶R04　問14　重要度Ａ

建築基準法に規定する内装・構造に関する次の記述のうち、誤っているものはどれか。

❶　建築基準法では、内装材料など、内装制限に関する規定があるが、入居者の入替え時に行う原状回復のための内部造作工事は対象とならない。

❷　建築基準法のシックハウス対策の規定は、新築だけでなく、中古住宅においても増改築、大規模な修繕や模様替えを行う場合に適用となる。

❸　防火区画となる壁・床は、耐火構造としなければならず、区画を構成する部分に開口部を設ける場合には、防火扉や防火シャッターなどの防火設備としなければならない。

❹　共同住宅では、隣接する住戸から日常生活に伴い生ずる音を衛生上支障がないように低減するため、小屋裏又は天井裏まで達する構造とした界壁を設けなければならない。

❶ 誤っているので、正解

建築基準法により、火災による建物内部の延焼を防ぐために内装材料などに内装制限を加えている。内装制限は、新築時だけでなく、既存建物における入居者入替時の原状回復工事や入居工事による内部造作工事も対象である。

❷ 正しい

建築基準法により、居室を有する建築物は、シックハウス対策として、その居室内において化学物質の発散による衛生上の支障がないように、建築材料および換気設備を技術基準に適合させせなければならない（建築基準法28条の２）。このシックハウス対策は、建築工事だけでなく、中古住宅に増改築・大規模な修繕・大規模な模様替えを行う場合にも適用される。

❸ 正しい

防火区画となる壁・床は、耐火構造の壁・床としなければならない（建築基準法36条）。また区画を構成する部分に開口部を設ける場合には、防火扉や防火シャッターなどの防火設備としなければならない。

❹ 正しい

共同住宅では、隣接する住戸からの日常生活に伴い生ずる音を衛生上支障がない程度に低減するため、小屋裏または天井裏まで達する構造の界壁を設けなければならない（建築基準法30条、令和２年２月27日　国土交通省告示第200号）。

正解　❶

賃貸不動産経営管理士は、賃貸住宅の管理についての、ソフトとハードの専門家であって、このうちハード面でのベースは、建築関連法規になります。そのため、試験では、建築基準法とその関連法令が出題されています。本問は建築基準法の問題です。賃貸住宅の関連事項については、**建築関連の法令は受験者にとっての必須知識です。**

シックハウス

▶R04　問15　重要度A

シックハウスに関する次の記述のうち、誤っているものはどれか。

■■■■■■■■　■■■■■■■　■■■■■■

❶　シックハウス症候群の原因は、建材や家具、日用品等から発散するホルムアルデヒドやVOC（揮発性の有機化合物）等と考えられている。

❷　ホルムアルデヒドは建材以外からも発散されるため、ごく一部の例外を除いて、居室を有する新築建物に24時間稼働する機械換気設備の設置が義務付けられている。

❸　天井裏、床下、壁内、収納スペースなどから居室へのホルムアルデヒドの流入を防ぐため、建材による措置、気密層・通気止めによる措置、換気設備による措置のすべての措置が必要となる。

❹　内装仕上げに使用するホルムアルデヒドを発散する建材として、木質建材、壁紙、ホルムアルデヒドを含む断熱材、接着剤、塗装、仕上げ塗材などが規制対象となっている。

要点　シックハウス

- 建物には、技術基準に従った換気設備、または、床面積の1/20以上の換気に有効な開口部が必要
- 技術的基準に従って換気設備を設けた場合には、開口部の設置義務は課されない
- 居室を有する建物には、シックハウス対策として建築材料および換気設備につき技術基準への適合性が求められる
- 新築建物は、ごく一部の例外を除いて、24時間稼働する機械換気設備の設置が義務づけられている
- 新築建物に加え、中古住宅の増改築等を行う場合にも、シックハウス対策に関する制約を受ける

❶ 正しい

シックハウス症候群の原因は、ホルムアルデヒドやVOC（トルエン、キシレン等の揮発性の有機化合物等）と考えられており、これらの原因物質は建材や家具、日用品等から室内に発散される。

❷ 正しい

居室を有する新築建物においては、ごく一部の例外を除いて、揮発性有機化合物（VOC）を除去するために、24時間稼働する機械換気設備の設置が義務づけられている（建築基準法施行令20条の8）。

❸ 誤っているので正解

天井裏、床下などからの居室へのホルムアルデヒドの流入を防ぐための規制はなされていない。

❹ 正しい

建築基準法では、内装仕上げに使用する木質建材（合板、フローリング等）、壁紙、ホルムアルデヒドを含む断熱材、接着剤、塗料、仕上げ塗材等に関しても、ホルムアルデヒドを発散する建材を規制している。

正解  ❸

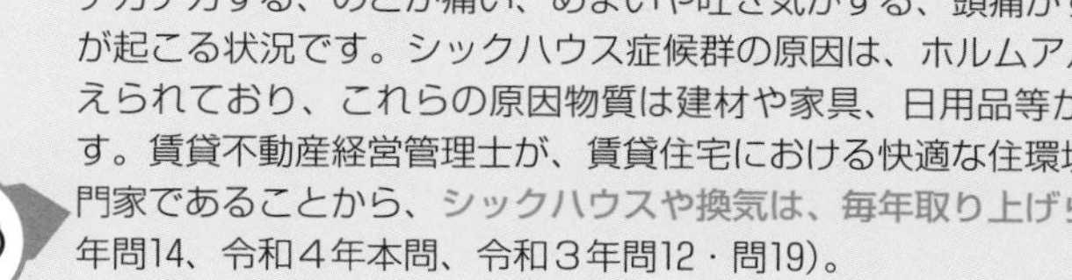

シックハウス症候群は、新築住宅やリフォームされた住宅に入居した人に、目がチカチカする、のどが痛い、めまいや吐き気がする、頭痛がするなどといった症状が起こる状況です。シックハウス症候群の原因は、ホルムアルデヒドやVOCと考えられており、これらの原因物質は建材や家具、日用品等から室内に発散されます。賃貸不動産経営管理士が、賃貸住宅における快適な住環境を提供するための専門家であることから、**シックハウスや換気は、毎年取り上げられています**（令和5年問14、令和4年本問、令和3年問12・問19）。

屋上・外壁からの雨水の浸入

▶R04　問16　重要度Ａ

屋上や外壁からの雨水の浸入に関する次の記述のうち、最も適切なものはどれか。

❶　屋上や屋根からの雨水の浸入は、防水部材の劣化や破損によって生ずるものやコンクリート等の構造部材のクラックや破損によるものなどであるが、いずれの場合も部分補修で十分である。

❷　出窓からの雨水の浸入は、出窓の屋根と外壁との取り合い箇所やサッシ周りが主な原因となることが多い。

❸　外壁がタイル張りの場合は、タイルの剥がれやクラック、目地やコーキングの劣化に起因する漏水は発生しにくい。

❹　レンジフード、浴室、トイレの換気扇の排気口からの雨水の浸入による漏水は発生しにくい。

❶　適切ではない

雨水の浸入の原因となる、屋上や屋根の防水部材の劣化や破損、コンクリートの構造部材のクラックや破損等については、部分的な補修で再発を防止することができるものではなく、全面的な補修を行うべきである。

❷　最も適切なので正解

中間階での雨水による漏水の主な原因は、外壁や出窓やベランダからの浸水である。

❸　適切ではない

外壁が、タイル張りの場合は、タイルの剥がれやクラック、目地やコーキングの劣化に起因する漏水が多く発生する。

❹　適切ではない

雨水がレンジフード、浴室やトイレの換気扇の排気口から浸入することは、室内の漏水の原因となりやすい。

正解　❷

外壁の劣化

▶R04　問17　重要度A

外壁の劣化に伴って現れる現象に関する次の記述のうち、正しいものはいくつあるか。

ア　タイル外壁やモルタル外壁等に多く発生する現象は、外壁を直接目視することによって確認するほか、外壁周辺におけるタイルなどの落下物の有無によって確認できることがある。

イ　外壁面の塗膜及びシーリング材の劣化により表面が粉末状になる現象は、手で外壁などの塗装表面を擦ると白く粉が付着することによって確認できる。

ウ　モルタルやコンクリート中に含まれる石灰分が水に溶けて外壁表面に流れ出し、白く結晶化する現象は、内部に雨水等が浸入することにより発生し、目視によって確認することができる。

❶　なし
❷　1つ
❸　2つ
❹　3つ

要点　外壁に生じる不具合

⑴　**白華現象**	●**エフロレッセンス**ともいう。素材中のセメントの石灰等が水に溶けてコンクリート表面に染み出し、空気中の炭酸ガスと化合して白色を呈する現象
⑵　**白亜化**	●**チョーキング**ともいう ●塗装やシーリング材などの表面で、顔料などがチョーク（白墨）のような粉状になってあらわれる現象
⑶　**ポップアウト**	●塗装膜など、コンクリート表面の小さい一部分が**円錐形のくぼみ状に破壊**された現象

ア　正しい

外壁が劣化すると、剥落・欠損という現象が生じる。剥落・欠損は、目視で確認したうえ、さらに外壁近辺の落下物によって判明することもある。タイルなどが落ちていたことがあるかなども確かめる必要がある。

イ　正しい

外壁面の塗膜やシーリング材が劣化すると表面が粉末状になる現象が生じることがある。白亜化（チョーキング）ともいわれる。このような現象が生じていないかどうか、日常点検において手で外壁などの塗装表面を擦り、白く粉が付着するかどうかをみておくべきである。

ウ　正しい

セメントの石灰等が水に溶けてコンクリート表面に染み出し、空気中の炭酸ガスと化合して白色を呈する現象を白華現象（エフロレッセンス）という。外壁面の浮きやひび割れ部に雨水などが進入したことにより発生する。外壁に白色の状態となっている部分がないかどうかを、目視によって確かめる必要がある。

ア、イ、ウの記述は全部正しいので、正しいものは3つである。

正解 ❹

排水設備通気設備

▶R04　問18　重要度A

排水・通気設備等に関する次の記述のうち、誤っているものはいくつあるか。

ア　公共下水道は、建物外部の下水道管の設置方法により、汚水、雑排水と雨水を同じ下水道管に合流して排水する合流式と、雨水用の下水道管を別に設けて排水する分流式がある。

イ　1系統の排水管に対し、2つ以上の排水トラップを直列に設置することは、排水の流れを良くする効果がある。

ウ　排水管内の圧力変動によって、トラップの封水が流出したり、長期間排水がされず、トラップの封水が蒸発してしまうことをトラップの破封という。

❶　なし
❷　1つ
❸　2つ
❹　3つ

要点　排水の3分類

(1)　**汚水**……トイレの排水
(2)　**雑排水**……台所、浴室、洗面所、洗濯機等の排水
(3)　**雨水**

※公共下水道には、(1)(2)(3)を同じ下水道管に合流して排水する**合流式**と、(3)雨水用の下水道管を別に設けて排水する**分流式**がある

ア　正しい

排水には、汚水（トイレの大、小便器からの排水）、雑排水（台所、浴室、洗面所、洗濯機等の排水）、雨水の３つがある。公共下水道では、建物外部の下水道管の設置方法により、汚水、雑排水と雨水を同じ下水道管に合流して排水する合流式と、雨水用の下水道管を別に設けて排水する分流式がある。建物外部の下水道管の設置方法により、いずれかの方式が使われる。

イ　誤り

１系統の排水管に対し、２つ以上の排水トラップを直列に設置することを二重トラップという。二重トラップの状況を生じさせると、排水の流れが悪くなるので、二重トラップは禁止されている。

ウ　正しい

破封とは、排水管内の圧力変動によって、トラップの封水が流出したり、水を長期間使用しなかったため排水がなされず、トラップの封水が蒸発してしまうことである。排水の機能が低下してしまうので、破封の状態を生じさせないようにしなければならない。

誤っているものイのひとつである。

正解　❷

電気設備・ガス設備

▶R04　問19　重要度A

電気・ガス設備に関する次の記述のうち、最も不適切なものはどれか。

❶　高圧受電は、高圧受変電室を設置して、標準電圧6,000ボルトで受電し、大規模な建物などの照明コンセントや給排水ポンプ、空調機器などの動力設備で使用する電気を供給する方式である。

❷　単相2線式は、電圧線と中性線の2本の線を利用する方式であり、200ボルトの電力が必要となる家電製品等を使用することができる。

❸　プロパンガスのガス警報器は、床面の上方30cm以内の壁などに設置して、ガス漏れを検知して確実に鳴動する必要がある。

❹　近年、ガス設備の配管材料として、屋外埋設管にポリエチレン管やポリエチレン被覆鋼管、屋内配管に塩化ビニル被覆鋼管が多く使われている。

要点　住戸内の電気設備

❶単相3線式100ボルト/200ボルト

(上の電線) ――――
↑ 100V ↓
(中性線) - - - - -　　200 V
↑ 100V ↓
(下の電線) ――――

❷単相2線式100ボルト

(上の電線) ――――
↑ 100V ↓
(下の電線) ――――

❶　適切

高圧受電は、標準電圧6,000ボルトを受電する方式であり、大規模な建物などの照明コンセントや給排水ポンプや空調機器などの動力設備で使用する電気を供給するものである。

❷　最も不適切なので正解

単相２線式は電圧線と中性線の２本の線を利用する方式であり、100ボルトのみの供給となる。

❸　適切

ガス警報器の取付けのうち、警報対象がプロパンガスの場合、ガスが空気より重いから床面の上方30cm以内の壁などに設置しなければならない。

❹　適切

ガス設備の配管材料としては、屋外埋設管はポリエチレン管やポリエチレン被覆鋼管、屋内配管は塩化ビニル被覆鋼管が使われている。

正解　❷

賃　料

▶R04　問20　重要度A

賃料に関する次の記述のうち、適切なものはどれか。

❶　貸主が支払期限を知っている通常の場合、賃料債権は、５年の消滅時効に服する。

❷　建物賃貸借契約における賃料は、建物使用の対価であるので、貸主は、借主が使用する敷地の対価を当然に別途請求することができる。

❸　貸主が死亡し、その共同相続人が賃貸住宅を相続した場合、遺産分割までの賃料債権は、金銭債権として、相続財産となる。

❹　借主が滞納賃料の一部を支払う場合であって、弁済充当の合意がないときは、支払時に貸主が指定した債務に充当され、借主はこれに従わなければならない。

要点 弁済充当

<table>
<tr><td rowspan="1">意味</td><td colspan="2">❶充当に関する合意があれば、合意に従う
❷充当に関する合意がない場合、費用、利息、元本の順番
❸費用同士、利息同士、元本同士（同じ順位同士）の充当は次のとおり</td></tr>
<tr><td rowspan="2">方法</td><td>指定充当
（民法488条）</td><td>※弁済者（賃借人）は、充当すべき債務を指定する
※弁済者が指定をしないときは、受領者（賃貸人）が指定ただし、弁済者が異議を述べられる</td></tr>
<tr><td>法定充当
（同法489条）</td><td>※弁済期にあるものと弁済期にないものがあるときは、弁済期にあるものに先に充当
※すべての債務が弁済期にあるとき（弁済期にない）ときは、債務者のために弁済の利益が多いものに先に充当
※債務者のために弁済の利益が相等しいときは、弁済期が先に到来したもの、または、先に到来すべきものに充当</td></tr>
</table>

❶ 適切なので正解

賃料債権は、時効により消滅する。時効期間には、「権利を行使することができることを知った時」から５年（主観的起算点）、または「権利を行使することができる時」から10年（客観的起算点）である。通常は、貸主は支払いを知っているから、５年になる。

❷ 適切ではない

建物賃貸借では、借主は建物の使用に必要な範囲でその敷地を利用できるのであって、建物賃貸借における賃料には建物の使用の対価に加え、敷地の使用の対価も含まれるとされている。建物の賃料のほかに敷地の対価を別途請求することはできない。

❸ 適切ではない

相続財産となるのは貸主が死亡した時点で発生していた権利である。貸主が死亡した後に複数の相続人が賃貸住宅を使用管理した結果生ずる賃料債権は、相続財産ではなく、各共同相続人に、法定相続分に応じ、分割単独債権として帰属する（最判平17.９.８判時1913号62頁）。

❹ 適切ではない

弁済の充当に関する合意がない場合、弁済者が指定をしないときは、弁済を受領する者（貸主）が、その弁済を充当すべき債務を指定できる。ただし、弁済者（借主）が直ちに異議を述べたときは、弁済者（借主）の指定によって充当がなされる。

正解 ❶

分別管理

▶R04　問21　重要度A

管理業法における管理受託契約に基づく管理業務で受領する家賃、敷金、共益費その他の金銭（以下、本問において「家賃等」という。）に関する次の記述のうち、不適切なものはどれか。

❶　家賃等を管理する口座と賃貸住宅管理業者の固有財産を管理する口座の分別については、少なくとも、家賃等を管理する口座を同一口座として賃貸住宅管理業者の固有財産を管理する口座と分別すれば足りる。

❷　家賃等を管理する帳簿と賃貸住宅管理業者の固有財産を管理する帳簿の分別については、少なくとも、家賃等を管理する帳簿を同一帳簿として賃貸住宅管理業者の固有財産を管理する帳簿と分別すれば足りる。

❸　家賃等を管理する口座にその月分の家賃をいったん全額預入れし、当該口座から賃貸住宅管理業者の固有財産を管理する口座に管理報酬分の金額を移し替えることは差し支えない。

❹　賃貸住宅管理業者の固有財産を管理するための口座にその月分の家賃をいったん全額預入れし、当該口座から家賃等を管理する口座に管理報酬分を控除した金額を移し替えることは差し支えない。

❶　適切

賃貸住宅管理業者は、管理受託契約に基づく管理業務において受領する家賃等を、自己の固有財産およびほかの管理受託契約に基づく家賃等と分別して管理しなければならない（賃貸住宅管理業法16条）。分別の方法には、口座による分別と帳簿（または会計ソフト）による分別が考えられるが、家賃等を管理する口座は、固有財産とは別の口座としなければならない。

❷　不適切なので正解

家賃等については、契約者ごとに口座を設ける必要はないが、帳簿や会計ソフト上で判別できる状態で管理しなければならない。家賃等を一括して同一帳簿によって管理するのでは足りない。

❸　適切

その月に入金のあった額の全額を、家賃等を管理する口座に預け入れて、その後賃貸住宅管理業者の固有財産を管理する口座に管理報酬分の金額を移し替える方法をとることは許されている。

❹　適切

その月に入金のあった額の全額を、いったん固有財産を管理するための口座に入金し、その口座から家賃等を管理する口座に管理報酬分を控除した金額を移し替える方法をとることは許されている。

正解　❷

本問は、本試験で重視されている分別管理の問題です。分別管理については、管理業務において受領する家賃等（他人のお金）と固有財産（自分のお金）を口座でわけなければならない（肢１）、および家賃等については、契約者ごとに口座を分けなくてもよいが、帳簿（会計ソフト）によって契約者ごとに判別できるよう管理しなければならない（肢２）という２つの事項が基本になります。この２つの事項を押さえたうえで、管理業務において受領する家賃等と固有財産が一時的にひとつの口座に入ることは差し支えない（肢３、４）などを理解しておけば、どのような問題が出ても解くことができます。

企業会計原則及び会計処理の基礎

▶R04　問22　重要度A

企業会計原則及び会計処理の基礎に関する次の記述のうち、不適切なものはどれか。

❶　企業会計原則は、企業会計の実務の中に慣習として発達したものの中から、一般に公正妥当と認められたところを要約した基準である。

❷　企業会計原則は、一般原則、損益計算書原則、貸借対照表原則の３つの原則により構成されている。

❸　明瞭性の原則とは、企業会計は、すべての取引につき、正規の簿記の原則に従って、明瞭かつ正確な会計帳簿を作成しなければならないことをいう。

❹　収益又は費用をどの時点で認識するかについて、発生主義と現金主義の２つの考え方があり、取引を適正に会計処理するためには、発生主義が好ましいとされている。

❶ 適切

企業会計原則は、企業会計の実務の中に慣習として発達したものの中から、一般に公正妥当と認められたところを要約したものであって、法令によって強制されるものではないが、企業がその会計を処理するにあたっては従わなければならない。

❷ 適切

企業会計原則は、一般原則・損益計算書原則・貸借対照表原則の３つの原則で構成される。一般原則は企業会計原則の最高規範であり、損益計算書、貸借対照表のいずれにも共通する。

❸ 不適切なので正解

明瞭性の原則は、財務諸表によって利害関係者に対し必要な会計事実を明瞭に表示し、企業の状況に関する判断を誤らせないようにしなければならないという原則である。正確な会計帳簿を作成しなければならないというのは正規の簿記の原則である。

❹ 適切

発生主義は、収益または費用は発生の事実をもってその計上を行うという考え方である、収益または費用の認識は、現金の入出金が生じた時点とするのが現金主義であるが、企業会計は、現金主義ではなく、発生主義によるべきであると考えられている。

正解 ❸

滅　失

▶R04　問23　重要度A

令和３年10月１日に締結された、賃貸住宅を目的とする賃貸借契約の借主の義務に関する次の記述のうち、最も適切なものはどれか。

❶　大地震により賃貸住宅の一部が倒壊し、契約の目的を達することができなくなった場合、賃貸借契約は終了し、借主の賃料支払義務は消滅する。

❷　大地震により賃貸借主住宅の一部が滅失した場合（ただし、契約の目的を達することは未だできるものとする。）、借主が賃料の減額請求をすることで賃料は減額される。

❸　賃料債権が差し押さえられた場合、借主は賃料を貸主に支払ったとしてもそのことを差押債権者に通知すれば、差押債権者から取立てを受けず、以後賃料の支払を免れることができる。

❹　賃料債権は、時効期間が経過しても消滅時効を援用する旨の意思表示がなければ消滅しない。

❶　適切ではない

賃借物の全部が使用できなくなれば賃貸借は当然終了するが（民法616条の２）。一部倒壊では当然に終了することにはならない。残存する部分のみでは賃借人が賃借をした目的を達することができない場合に、賃借人は契約を解除できることになるのであって、解除されてはじめて賃貸借契約が終了する（民法611条２項）。

❷　適切ではない

賃借物の一部が使用及び収益をすることができなくなった場合、賃借人の責めに帰することができない事由によるものであるときは、賃料は、使用することができなくなった部分の割合に応じて、当然に減額される（民法611条１項）。賃料減額の請求によって減額されるのではない。

❸　適切ではない

賃料債権が、差し押さえられた場合、借主は、賃料を貸主に支払うことが禁じられる（民法481条１項）。借主は、差押債権者に賃料を支払わなければならない。貸主に賃料を支払ったことを差し押さえ債権者に通知しても、差押債権者に対する賃料支払義務には影響を及ぼさない。

❹　最も適切なので正解

賃料債権について、時効消滅の効果を主張するためには、消滅時効を援用する旨の意思表示が必要である（民法145条）。

正解　❹

定期建物賃貸借

▶R04　問24　重要度A

定期建物賃貸借契約に関する次の記述のうち、誤っているものはいくつあるか。

ア　貸主が死亡したときに賃貸借契約が終了する旨の特約は、有効である。
イ　期間50年を超える定期建物賃貸借契約は、有効である。
ウ　定期建物賃貸借契約に特約を設けることで、借主の賃料減額請求権を排除することが可能である。
エ　契約期間の定めを契約書に明記すれば、更新がなく期間満了により当該建物の賃貸借が終了する旨（更新否定条項）を明記したと認められる。

❶　なし
❷　1つ
❸　2つ
❹　3つ

要点　**賃料増減請求権を行使しないという特約の効力**

	増額しない特約 **（不増額特約）**	**減額しない特約** **（不減額特約）**
普通建物賃貸借	○（有効）	×（無効） ※特約があっても減額請求可
定期建物賃貸借	○（有効）	○（有効）

ア　誤り

借地借家法は、同法の規定と比べて借主に不利な特約の効力を否定している。本肢は貸主が死亡したときに賃貸借契約が終了する旨の特約は借地借家法の規定と比べて借主に不利な特約とする立場から、特約の効力を否定する考え方をとっている。

イ　正しい

建物の賃貸借の期間設定には上限がない（借地借家法29条２項・民法604条１項）。

ウ　正しい

定期建物賃貸借では、不増額と不減額のどちらの特約も有効であり（借地借家法38条７項）、特約を設けることで、借主の賃料減額請求権を排除することが認められる。

エ　誤り

定期建物賃貸借は書面に更新がないとする更新否定条項が明記されていることが成立要件である（借地借家法38条１項）。契約期間の定めを契約書に記載しただけでは定期建物賃貸借は成立しない。

誤っているものは、アとエの２つである。

抵当権と賃借権の対抗要件

▶R04　問25　重要度A

問25　Aは賃貸住宅（以下、「甲住宅」という。）を所有し、各部屋を賃貸に供しているところ、令和２年、Ｘ銀行から融資を受けてこの建物を全面的にリフォームした。甲住宅には融資の担保のためＸ銀行の抵当権が設定された。Ｂは抵当権の設定登記前から甲住宅の一室を賃借して居住しており、ＣとＤは抵当権の設定登記後に賃借して居住している。この事案に関する次の記述のうち、誤っているものはいくつあるか。なお、各記述は独立しており、相互に関係しないものとする。

ア　賃借権の対抗要件は、賃借権の登記のみである。

イ　Ｂが死亡し相続が開始した場合、相続の開始が抵当権の設定登記より後であるときは、相続人はＸ銀行の同意を得なければ、賃借権を同銀行に対抗することができない。

ウ　ＡがＸ銀行に弁済することができず、同銀行が甲住宅の競売を申し立てた場合、Ｃの賃借権は差押えに優先するため、賃借権をＸ銀行に対抗することができる。

エ　ＡがＸ銀行に弁済することができず、同銀行が甲住宅の競売を申し立てＥがこれを買い受けた場合、Ｅは、競売開始決定前に甲住宅の部屋を賃借し使用収益を開始したＤに対し敷金返還義務を負わない。

❶　1つ
❷　2つ
❸　3つ
❹　4つ

ア　誤り

民法では賃借権の対抗要件は登記だが（民法605条）、借地借家法によって、土地の賃借権では土地上の建物の登記（借地借家法10条１項）、建物の賃借権では建物の引渡し（借地借家法31条１項）が対抗要件とされている。

イ　誤り

Ｂの居住開始（引渡し）はＸ銀行の抵当権に対抗できるところ、Ｂの相続人はＢの地位を引き継ぐから、Ｂの相続人もＸ銀行の抵当権に対抗できる。

ウ　誤り

Ｃは、Ｘの抵当権設定登記後に賃借しているから、Ｘに賃借権を対抗できない。

エ　正しい

Ｄは、Ｘの抵当権設定登記後に賃借しているから、Ｘに賃借権を対抗できず、したがってＥに賃借権を対抗することもできない。ＥはＤの賃借権を否定することができるのであって、賃貸人の地位を承継しないから、Ｄに対して敷金返還義務を負わない。

誤っているものは、ア、イ、ウの３つである。

正解  ③

賃貸人の地位の移転に関しては、不動産が売買などで譲渡された場合だけではなく、不動産の所有権が競売手続によって買受人に移転した場合の取り扱いも重要な論点です。この場合には賃借人が賃借権を新所有者に対抗できるかどうかは、買受人への所有権移転の時点ではなく、抵当権設定の時点と賃借権の対抗要件具備の時点のどちらが先なのかが問題とされます。肢３と肢４はこの点の理解を問う問題であり、ややわかりづらいかもしれませんが、本試験に合格するためには、落としてはならない問題です。

終身賃貸借契約

▶R04　問26　重要度A

高齢者の居住の安定確保に関する法律（以下、本問において「高齢者住まい法」という。）に基づく建物賃貸借契約（以下、本問において「終身建物賃貸借契約」という。）に関する次の記述のうち、誤っているものはどれか。

❶　終身建物賃貸借契約は、借主の死亡に至るまで存続し、かつ、借主が死亡したときに終了するが、これは特約により排除することも可能である。

❷　終身建物賃貸借契約を締結する場合、公正証書によるなど書面によって行わなければならない。

❸　終身建物賃貸借契約の対象となる賃貸住宅は、高齢者住まい法が定めるバリアフリー化の基準を満たす必要がある。

❹　終身建物賃貸借契約では、賃料増額請求権及び賃料減額請求権のいずれも排除することができる。

要点　高齢者の居住の安定確保に関する法律（高齢者住まい法）

意味	●高齢者（賃借人）が死亡するまで終身居住でき、高齢者（賃借人）が死亡したときに終了する賃貸借契約 ※賃借人は本人１代限り ●バリアフリー化基準を満たした賃貸住宅が対象 ※都道府県知事の認可が必要
契約方法	●公正証書等の書面で行うことが必要 ※公正証書である必要はない
増減額請求	●増減額請求を行わないという特約は、いずれも有効

❶ 誤っているので正解

高齢者住まい法に基づいて、書面によって、借主の死亡に至るまで存続し、かつ、借主が死亡した時に終了することを合意した賃貸借が終身建物賃貸借である（高齢者住まい法54条２項）。借主の死亡に至るまで存続すること、または借主が死亡した時に終了することを排除することを取り決めると、終身建物賃貸借ではなくなる。死亡まで存続、死亡のときに終了という取決めを特約によって排除することはできない。

❷ 正しい

終身建物賃貸借は、公正証書などの書面によって契約を締結したときにはじめて成立する。終身建物賃貸借の成立には書面が必要である（高齢者住まい法54条２項）。

❸ 正しい

終身建物賃貸借の対象となる賃貸住宅は、高齢者の身体機能に対応した段差のない床構造、トイレ・浴室等への手すりの設置、幅の広い出入り口や共用廊下など、バリアフリー化基準を満たしたものでなければならない（高齢者住まい法54条１号イ、ロ）。

❹ 正しい

終身建物賃貸借で借賃の改定に係る特約がある場合には、借地借家法32条の適用が排除され、賃料増額請求権と賃料減額請求権のどちらも、権利行使が否定される（高齢者住まい法63条）。

保　証

▶R04　問27　重要度A

Ａを貸主、Ｂを借主として令和４年５月１日に締結された期間１年の建物賃貸借契約において、ＣはＢから委託を受けてＡと連帯保証契約を同日締結した。この事案に関する次の記述のうち、正しいものの組合せはどれか。

ア　AB 間の建物賃貸借契約が法定更新されると、AC 間の保証契約も法定更新される。

イ　Ａは極度額の記載のない連帯保証契約書を持参してＣと面会し、口頭で極度額について合意した上、Ｃの署名押印を得た。この場合も連帯保証契約は効力を生じる。

ウ　Ｃが、Ａに対して、Ｂの賃料その他の債務について、不履行の有無、利息、違約金、損害賠償などの額について情報提供を求めた場合、Ａは個人情報保護を理由に情報提供を拒むことはできない。

エ　Ｂが死亡すると、連帯保証契約の元本は確定する。

❶　ア、イ
❷　イ、ウ
❸　ウ、エ
❹　ア、エ

ア　誤り

賃貸借契約が更新された後に賃借人が負担する債務も保証の対象になる（最判平９.11.13判タ969号126頁）。しかし、賃貸借契約と保証契約は別の契約であって、賃貸借契約が更新されても保証契約は更新されない。

イ　誤り

個人根保証の保証契約を締結する場合には、極度額を、書面によって定めなければならない（民法465条の２・446条２項・３項）。保証契約を書面で締結しても、極度額の合意が書面によってなされなければ、個人根保証の保証契約は成立しない。

ウ　正しい

保証人が主たる債務者の委託を受けて保証をした場合において、保証人の請求があったときは、債権者は、主たる債務の元本および主たる債務に関する利息等の債務についての不履行などに関する情報を提供しなければならない（民法458条の2）。

エ　正しい

主たる債務者が死亡したことは個人根保証の元本確定事由になる（民法465条の４）。

正しいものの組合せは、ウとエである。

正解　❸

チェック

保証は、賃貸不動産経営管理士試験の中で、とても大事なテーマです。ほぼ毎年出題されています（令和５年第７問・第25問、令和４年第27問、令和３年第27問、令和２年第26問、平成30年第14問、平成29年第15問）。なかでも繰り返し問われているのが、保証の成立要件（書面性）と保証の範囲です。また、保証の性格（附従性、随伴性）と抗弁権（催告の抗弁権、検索の抗弁権）も出題されますし、令和２年に改正民法が施行されてからは、情報提供の問題も取り上げられるようになっています。さらに家賃債務保証会社を巡る法律関係も社会的な重要性が勘案され、問題とされています。

賃貸借と使用貸借

▶R04　問28　重要度A

令和４年５月１日に締結された建物賃貸借契約と建物使用貸借契約に関する次の記述のうち、正しいものはいくつあるか。

ア　建物賃貸借契約の期間が満了した場合、同契約が法定更新されることはあるが、建物使用貸借契約の期間が満了しても、同契約が法定更新されることはない。

イ　建物賃貸借では建物の引渡しが契約の成立要件となるが、建物使用貸借は合意のみで契約が成立する。

ウ　期間10年の建物賃貸借契約は有効だが、期間10年の建物使用貸借契約は無効である。

エ　契約に特段の定めがない場合、建物賃貸借契約における必要費は貸主が負担し、建物使用貸借契約における必要費は借主が負担する。

❶　1つ
❷　2つ
❸　3つ
❹　4つ

ア　正しい

建物の賃貸借には法定更新の定めがあるが（借地借家法26条１項）、建物の使用貸借には法定更新の定めはない。

イ　誤り

建物賃貸借も建物の使用貸借も、いずれも当事者の合意だけで成立する契約（諾成契約）であり、建物賃貸借における建物の引渡しは契約の成立要件ではない。

ウ　誤り

建物賃貸借と建物の使用貸借のいずれも期間を10年とする定めは有効である。

エ　正しい

必要費は、建物賃貸借では貸主の負担だが（民法608条１項）、使用貸借では借主負担である（民法595条）。

正しいものは、アとエの２つである。

正解　❷

要点 使用貸借の特色

賃貸借	使用貸借
有償	**無償**
貸主が必要費負担	**借主**が必要費負担
（借地借家法**適用有**） 期間満了による終了 ➡正当事由必要	（借地借家法**適用無**） 期間満了による終了 ➡正当事由不要
引渡しを受ければ所有者が代わっても対抗できる	所有者が代わったら対抗できない

管理業法の制定背景と概要

▶R04　問29　重要度C

管理業法の制定背景や概要に関する次の記述のうち、適切なものはどれか。

❶　民間主体が保有する賃貸住宅のストック数は近年、減少傾向にある。

❷　近年では、建物所有者自ら賃貸住宅管理業務のすべてを実施する者が増加し、賃貸住宅管理業者に業務を委託する所有者が減少している。

❸　管理業法は、賃貸住宅管理業を営む者についての登録制度を設け、また、サブリース事業を規制する法律であり、特定転貸事業者には賃貸住宅管理業の登録を受ける義務が課せられることはない。

❹　管理業法において、サブリース事業に対しては、行政による指示、業務停止等の監督処分がされ、また、罰則が科されることによって、事業の適正化の実効性が確保されるものとされているが、サブリース事業の適正化を図るための規定の適用対象は特定転貸事業者に限定されない。

❶ 適切ではない

民間主体が保有する賃貸住宅のストック数は増加傾向にある。平成30年時点において住宅ストック総数（約5,360万戸）の４分の１強（28.5%：1,530万戸）である。

❷ 適切ではない

管理業務を自らすべて実施する者が減少し（平成４年度75%、令和元年度18.5%）、賃貸住宅管理会社に業務を委託する賃貸住宅の所有者が増加している（平成４年25%、令和元年81.5%）。

❸ 適切ではない

特定転貸事業者であっても賃貸住宅管理業を営むためには登録を受けなければならない（賃貸住宅管理業法３条１項本文）。

❹ 適切なので正解

賃貸住宅管理業法では、サブリース事業に関し、サブリース業者だけではなく、サブリース契約の勧誘者にも、誇大広告等の禁止（賃貸住宅管理業法28条）、および不当な勧誘等の禁止（同法29条）を義務づけている。

正解 ❹

業務管理者

▶R04　問30　重要度A

管理業法における業務管理者に関する次の記述のうち、正しいものはいくつあるか。

ア　禁錮以上の刑に処せられ、又は管理業法の規定により罰金の刑に処せられ、その執行を終わり、又は執行を受けることがなくなった日から起算して５年を経過しない者は、業務管理者になることができない。

イ　賃貸住宅管理業者は、従業者証明書の携帯に関し、業務管理者に管理及び監督に関する事務を行わせなければならない。

ウ　賃貸住宅管理業者は、その業務上取り扱ったことについて知り得た秘密の保持に関し、業務管理者に管理及び監督に関する事務を行わせなければならない。

エ　賃貸住宅管理業者は、その営業所又は事務所の業務管理者として選任した者のすべてが欠けるに至ったときは、新たに業務管理者を選任するまでの間は、その営業所又は事務所において賃貸住宅管理業を行ってはならない。

❶　1つ
❷　2つ
❸　3つ
❹　4つ

ア　正しい

業務管理者は、禁錮以上の刑に処せられ、または賃貸住宅管理業法の規定により罰金の刑に処せられ、その執行が終わり、または執行を受けることがなくなった日から起算して５年を経過しないことは登録拒否事由である（賃貸住宅管理業法６条１項４号）。登録拒否事由のある者は業務管理者になることはできない（同法12条４項）。

イ　誤り

従業者証明書の携帯（賃貸住宅管理業法17条１項）は、賃貸住宅管理業者が業務管理者に行わせる事務には含まれていない（同法12条１項）。

ウ　正しい

秘密の保持（賃貸住宅管理業法21条）に関する事項は、業務管理者に行わせる事務である（同法管理業法施行規則13条６号）。

エ　誤り

賃貸住宅管理業者は、営業所もしくは事務所の業務管理者として選任した者のすべてが欠けるに至ったときは、新たに業務管理者を選任するまでの間は、営業所または事務所において管理受託契約を締結してはならない（賃貸住宅管理業法12条２項）。しかし、禁止されるのは、管理受託契約の締結であって、賃貸住宅管理業を行うこと自体は禁止されない。

正しいものは、アとウの２つである

正解　❷

管理業法（適用関係）

▶R04　問31　重要度C

令和３年６月15日時点で既に賃貸住宅管理業を営み、管理戸数が200戸以上である管理業者Ａに対する管理業法の規制に関する次の記述のうち、正しいものの組合せはどれか。

ア　Ａは、賃貸住宅管理業登録をしなくとも、令和４年６月15日以降、それ以前に締結した管理受託契約の履行に必要な限度で、賃貸住宅の維持保全を内容とする管理業務を行うことができる。

イ　Ａは、賃貸住宅管理業登録をしなければ、令和４年６月15日以降、賃貸人との間で新たに賃貸住宅の維持保全を内容とする管理受託契約を締結し、管理業務を行うことができない。

ウ　Ａは、賃貸住宅管理業登録をしなければ、令和４年６月15日以降、建物所有者との間で特定賃貸借契約を締結することはできない。

エ　Ａは、賃貸住宅管理業登録をしなくとも、令和４年６月15日以降、それ以前に締結した特定賃貸借契約に基づき、入居者との間で新たに転貸借契約を締結することができる。

❶　ア、イ
❷　ア、ウ
❸　イ、エ
❹　ウ、エ

ア　誤り

賃貸住宅管理業を営もうとする者は、国土交通大臣の登録を受けなければならない（賃貸住宅管理業法３条１項本文）。Aは、令和４年６月15日（管理業法の施行日）以降は、それ以前に締結した管理受託契約の履行に必要なものであっても、登録がなければ、業務を行うことができない。

イ　正しい

Aは、令和４年６月15日以降は、賃貸住宅管理業登録をしなければ、賃貸人との間で新たに賃貸住宅の維持保全を内容とする管理受託契約を締結し、管理業務を行うことができない。

ウ　誤り

特定賃貸借契約（マスターリース契約）の締結には、賃貸住宅管理業の登録は必要がない。

エ　正しい

特定賃貸借契約（マスターリース契約）に基づく入居者との間の転貸借契約の締結には、賃貸住宅管理業の登録は必要がない。

正しいものの組合せは、イとエである。

正解 ❸

勧誘者に対する規制（両罰規定など）

▶R04　問32（改題）　重要度Ａ

問32 勧誘者であるＡ法人（代表者Ｂ）は特定転貸事業者であるＣ法人から委託を受けて特定賃貸借契約の勧誘を行っている。勧誘者であるＡ法人の従業員Ｄが、自己の判断により、特定賃貸借契約の相手方となろうとする者に対し、故意に不実のことを告げるという管理業法第29条第１号に違反する行為を行った場合の罰則（６月以下の懲役若しくは50万円以下の罰金又はこれらの併科）の適用に関する次の記述のうち、正しいものの組合せはどれか。

ア　Ａ法人が罰金に処せられることはない。
イ　代表者Ｂが懲役又は罰金に処せられることはない。
ウ　Ｃ法人が罰金に処せられることはない。
エ　従業員Ｄが懲役又は罰金に処せられることはない。

❶　ア、イ
❷　ア、ウ
❸　イ、ウ
❹　ウ、エ

ア　誤り

勧誘者には、故意に事実を告げず、または不実のことを告げる行為が禁止される（賃貸住宅管理業法29条１号）。禁止に違反した勧誘業者には、６月以下の懲役もしくは50万円以下の罰金が科され、またはこれらが併科される（同法42条２号）。法人の従業者が、法人の業務に関し、不当な勧誘の禁止の違反行為をしたときは、両罰規定によって、行為者を罰するほか、その法人に対して罰金刑が科される（同法45条）。

イ　正しい

Ｂは禁止行為を行った者ではないから処罰されない。両罰規定で処罰されるのは、行為者と法人であり（賃貸住宅管理業法45条）、代表者には刑罰は科されない。

ウ　正しい

Ｃ法人は、Ａ法人の従業員の行為によって処罰されることはない。

エ　誤り

従業員Ｄは違反行為を行った者だから、懲役または罰金に処せられる。

正しいものは、イとウである。

管理業務の意味

▶R04　問33　重要度A

管理業法第２条第２項の「賃貸住宅管理業」に関する次の記述のうち、誤っているものの組合せはどれか。

ア　賃貸人から委託を受けて、入居者からの苦情対応のみを行う業務については、賃貸住宅の維持及び修繕（維持・修繕業者への発注を含む。）を行わない場合であっても、「賃貸住宅管理業」に該当する。

イ　賃貸人から委託を受けて、金銭の管理のみを行う業務については、賃貸住宅の維持及び修繕（維持・修繕業者への発注を含む。）を行わない場合には、「賃貸住宅管理業」には該当しない。

ウ　賃貸人から委託を受けて、分譲マンションの一室のみの維持保全を行う業務については、共用部分の管理が別のマンション管理業者によって行われている場合には、「賃貸住宅管理業」には該当しない。

エ　賃貸人から委託を受けて、マンスリーマンションの維持保全を行う業務については、利用者の滞在時間が長期に及び、生活の本拠として使用される場合には、「賃貸住宅管理業」に該当する。

❶　ア、イ
❷　ア、ウ
❸　イ、エ
❹　ウ、エ

ア　誤り

賃貸住宅の維持および修繕を行わなければ賃貸住宅管理業にはならない（賃貸住宅管理業法２条２項１号・２号）。入居者からの苦情対応のみを行う業務であって、賃貸住宅の維持および修繕を行わない場合は、賃貸住宅管理業にはあたらない。

イ　正しい

金銭の管理を行う業務について、賃貸住宅の維持および修繕とあわせて行わない場合には賃貸住宅管理業にはあたらない（賃貸住宅管理業法２条２項２号）。

ウ　誤り

分譲マンションの一室のみの維持保全を行う場合も、住宅の居室およびその他の部分について、点検、清掃その他の維持を行い、および必要な修繕を行うときには、管理業務にあたる。分譲マンションの共用部分の管理が別のマンション管理業者によって行われている場合であっても、管理業務になる。

エ　正しい

マンスリーマンションなど、人を宿泊させる業務が旅館業法の許可を受けて行う営業（旅館業法３条１項）にあたらない場合には、管理業法における賃貸住宅になる（賃貸住宅管理業法施行規則１条）。

誤っているものは、アとウである。

正解　❷

本問は、管理業務の意味を問う問題です。賃貸住宅管理業法では、管理業務は、❶委託に係る賃貸住宅の維持保全（住宅の居室及びその他の部分について、点検、清掃その他の維持を行い、必要な修繕を行うこと）を行う業務、および❷賃貸住宅に係る家賃、敷金、共益費その他の金銭の管理を行う業務（維持保全と併せて行うものに限る）と定義されます。

ここで管理業務は、「維持保全」を中核とする概念であり、維持保全とは何かを知ることが必要になります。維持保全とは、住宅の居室及びその他の部分について、点検、清掃その他の維持を行い、必要な修繕を行うことです。また、金銭管理は、維持保全とあわせて行う場合にはじめて管理業務になること、入居者からの苦情対応は賃貸住宅管理業法上の管理業務には含まれないことを、あわせて理解しておくことも必要です。

登録（要件等）

▶R04　問34　重要度A

賃貸住宅管理業の登録に関する次の記述のうち、誤っているものの組合せはどれか。

ア　現に賃貸住宅管理業を営んでいなくても登録を行うことはできるが、登録を受けてから1年以内に業務を開始しないときは、登録の取消しの対象となる。

イ　賃貸住宅管理業者が法人の場合、登録は法人単位でなされ、支社・支店ごとに登録を受けることはできない。

ウ　負債の合計額が資産の合計額を超えている場合には、直前2年の各事業年度において当期純利益が生じている場合であっても、「財産的基礎を有しない者」として登録は拒否される。

エ　賃貸住宅管理業者である法人は、役員に変更があったときは、その日から3か月以内に、その旨を国土交通大臣に届け出なければならない。

❶　ア、イ
❷　ア、ウ
❸　イ、エ
❹　ウ、エ

ア　正しい

賃貸住宅管理業者が登録を受けてから１年以内に業務を開始せず、または引き続き１年以上業務を行っていないことが登録の取消事由である。登録を受けてから１年以内に業務を開始しないときは、登録が取り消される（賃貸住宅管理業法23条２項）。

イ　正しい

賃貸住宅管理業者の登録は法人の場合は法人単位でなされる。支社・支店ごとに登録を受けることはできない（FAQ 集２（３）No ３）。

ウ　誤り

賃貸住宅管理業を遂行するために必要な基準に適合する財産的基礎を有しない場合には、登録は拒否される（賃貸住宅管理業法６条１項10号）。登録が拒否されないためには、原則として前事業年度に負債の合計額が資産の合計額を超えていないことが必要だが、負債の合計額が資産の合計額を超えている場合であっても、登録申請日を含む事業年度の直前２年の各事業年度において当期純利益が生じている場合には、登録は拒否されない（「解釈・運用の考え方」第６条第10号関係）。

エ　誤り

法人の役員に変更があったときは、変更があったときから30日以内に届け出なければならない（賃貸住宅管理業法７条１項・４条１項２号）。

誤っているものの組合せは、ウとエである。

特定賃貸借契約の意味

▶R04　問35　重要度A

特定賃貸借契約に関する次の記述のうち、正しいものはどれか。

❶　特定転貸事業者と、再転貸を行うことを目的とする転借人との間で締結された転貸借契約は、特定賃貸借契約に該当する。

❷　借主が、１年間の海外留学期間中、第三者に転貸することを可能とする条件でされた貸主と借主との間の賃貸借契約は、特定賃貸借契約に該当する。

❸　借主が第三者に転貸する目的で賃貸借契約をする場合、転借人から受領する賃料と貸主に支払う賃料が同額であるときは、特定賃貸借契約に該当しない。

❹　社宅として使用する目的で賃貸住宅を借り上げた会社が、その従業員との間で転貸借契約を締結し、転貸料を徴収して従業員を入居させる場合は、転貸料の多寡を問わず、貸主と当該会社との間の賃貸借契約は特定賃貸借契約に該当する。

❶ 正しいので正解

賃借人が賃貸住宅を第三者（入居者）に転貸する事業を営むことを目的として締結される契約が、特定賃貸借契約である（賃貸住宅管理業法２条４項）。再転貸を行うことを目的とする転借人との間で締結された転貸借契約も、特定賃貸借契約になる。

❷ 誤り

個人が賃借した賃貸住宅について、一時的に第三者に転貸する場合は、特定賃貸借契約に該当しないから（「解釈・運用の考え方」第２条第４項関係１）、海外留学期間中、第三者に転貸することを可能とする条件でされた賃貸借契約は、特定賃貸借契約に該当しない。

❸ 誤り

転借人から受領する賃料と貸主に支払う賃料が同額であっても、第三者に転貸する事業を営むことを目的として賃貸借契約が締結されていれば、特定賃貸借契約である。転貸人として受領する賃料を、そのまま賃借人として支払う賃料とするパススルー型のマスターリースも、特定転貸借契約になる。

❹ 誤り

企業が社宅を借り受け、社員に使用させる場合、社宅については一般に社内規定等に基づき従業員等に利用させているから、社宅を借り受ける企業は特定転貸事業者ではなく、貸主と会社の間の賃貸借契約は、特定賃貸借契約にあたらない（「解釈・運用の考え方」第２条第５項関係（２））。

正解 ❶

賃貸住宅管理業法は、賃貸住宅の管理に関して、管理受託とサブリースの２つの事業形態の規律を定めています。サブリースについては、この法律では、特定賃貸借という用語をあてています。賃借人が賃貸住宅を第三者（入居者）に転貸する事業を営むことを目的として締結される契約が、**特定賃貸借契約**です。本問は、特定賃貸借に関する論点を扱う問題です。肢１では、再転貸も特定賃貸借になること、肢２では、海外留学中など、個人が一時的に第三者に転貸する場合が特定賃貸借に含まれない（事業ではない）ことが問われています。肢３ではいわゆるパススルー型であっても特定賃貸借になることが問題とされています。肢４は、社宅に関して、企業が住宅を借り受けて従業員に利用させることは特定賃貸借ではないことが問われています。なお、社宅代行業者が、所有者から住宅を借り上げて企業に転貸することは、特定賃貸借にあたります。

誇大広告等の禁止

▶R04　問36　重要度A

問36 管理業法の定める誇大広告等の禁止に関する次の記述のうち、誤っているものはどれか。

❶　広告の記載と事実との相違が大きくなくても、その相違を知っていれば通常その特定賃貸借契約に誘引されないと判断される程度であれば、虚偽広告に該当する。

❷　一定期間一定の額の家賃を支払うことを約束する趣旨で広告に「家賃保証」と表示する場合には、その文言に隣接する箇所に借地借家法第32条の規定により家賃が減額されることがあることを表示しなければ、誇大広告に該当する。

❸　広告に「○年間借上げ保証」と表示する場合には、その期間中であっても特定転貸事業者から解約をする可能性があることを表示しなければ、誇大広告に該当する。

❹　良好な経営実績が確保されたとの体験談を用いる広告については、「個人の感想です。経営実績を保証するものではありません。」といった打消し表示を明瞭に記載すれば、誇大広告に該当しない。

❶ 正しい

著しく事実に相違する表示は、虚偽広告となって、禁止される（賃貸住宅管理業法28条）。著しく事実に相違する表示かどうかは、相違の大きさではなく、実際の事実と表示内容の相違を知っていれば、通常契約に誘引されないと判断される程度かどうかによって判断される。

❷ 正しい

「家賃保証」という表示をする場合には、隣接する箇所に、賃料は、賃料減額請求により減額される可能性があることの表示を行わなければならず、表示がなければ誇大広告になる（賃貸住宅管理業法28条、同法施行規則３条、ガイドライン４（３）①）。

❸ 正しい

マスターリース契約が解約可能であるにもかかわらず、契約期間中に解約されることはないと誤解させない表示が必要である。「○年間借り上げ保証」と表示を行う場合には、期間中でも解約の可能性があることを表示しなければ、誇大広告にあたる（サブリースガイドライン４（３）④）。

❹ 誤っているので正解

賃貸住宅経営は賃貸住宅の立地等の個別の条件が大きな影響を与えるから、体験談であって、大多数の人がマスターリース契約を締結することで同じようなメリットを得ることができるという認識を抱かせるものは、誇大広告等となる（サブリースガイドライン４（４））。

正解 ❹

業務状況調書等の閲覧

▶R04　問37　重要度A

管理業法上の業務状況調書や貸借対照表、損益計算書又はこれらに代わる書面（以下、本問において「業務状況調書等」と総称する。）の閲覧に関する次の記述のうち、正しいものはどれか。

❶　特定賃貸借契約の勧誘者は、業務状況調書等の書類を作成・保存し、その勧誘によって特定賃貸借契約を結んだ賃貸人からの求めがあれば、これらを閲覧させなければならない。

❷　特定転貸事業者が、業務状況調書等を電磁的方法による記録で保存する場合には、電子計算機その他の機器を用いて明確に紙面に表示される状態に置かなければならない。

❸　特定転貸事業者は、業務状況調書等の書類を、事業年度ごとに、その事業年度経過後３か月以内に作成し、主たる事務所にまとめて備え置かなければならない。

❹　特定転貸事業者は、特定賃貸借契約の相手方及び入居者（転借人）からの求めがあれば、営業所又は事務所の営業時間中、業務状況調書等の書類を閲覧させなければならない。

❶ 誤り

特定転貸事業者（サブリース業者）は、業務状況調書等を営業所または事務所に備え置いて保管し、これをマスターリース契約の相手方または相手方となろうとする者の求めに応じ、閲覧させなければならない（賃貸住宅管理業法32条）が、他方で勧誘者には、書類の備置き、保管、閲覧は義務づけられていない。

❷ 正しいので正解

業務状況調書等は、電子計算機に備えられたファイルまたは磁気ディスク等に記録しておくことができるが、必要に応じて紙面に表示されることが必要である（賃貸住宅管理業法施行規則49条２項前段）。

❸ 誤り

特定転貸事業者は、事業年度経過後３か月以内に業務状況調書等を作成し、備え置き、保管しなければならない（賃貸住宅管理業法規則49条３項）。備え置く場所は営業所または事務所ごとである。主たる事務所にまとめて備え置くことは認められない。

❹ 誤り

特定転貸事業者（サブリース業者）は、マスターリース契約の相手方または相手方となろうとする者の求めに応じ、業務状況調書等を、閲覧させる義務がある（賃貸住宅管理業法32条）。しかし、閲覧を求めることができるのは、マスターリース契約の相手方または相手方となろうとする者である。入居者は閲覧を求めることができる者にはあたらない。

正解 ❷

チェック

　賃貸住宅管理業法上、特定転貸事業者（サブリース業者）は、業務状況調書等を作成・保管し、求めに応じて閲覧させなければなりません。同法施行後令和５年までの３回の試験のうち、業務状況調書等を作成・保管、および閲覧については、令和４年に本問が出され、１回出題されただけですが、業務状況調書等の扱いは、特定転貸事業者の信頼性を基礎づける仕組みであって、賃貸不動産経営管理士にとっても必須の知識です。したがって、令和６年以降、いつも出題される可能性が高いと考えて、学習を進めなければなりません。

特定賃貸借契約の締結時書面

▶R04　問38　重要度A

特定転貸事業者が特定賃貸借契約を締結したときに賃貸人に対して交付しなければならない書面（以下、本問において「特定賃貸借契約締結時書面」という。）に関する次の記述のうち、正しいものはどれか。

❶　特定賃貸借契約書をもって特定賃貸借契約締結時書面とすることはできるが、特定賃貸借契約書と、特定転貸事業者が賃貸住宅の維持保全について賃貸人から受託する管理受託契約書を兼ねることはできない。

❷　特定賃貸借契約締結時書面は、特定賃貸借契約を締結したときに遅滞なく交付しなければならない。

❸　特定賃貸借契約締結時書面は、相手方と契約を締結したときのみならず、相手方との契約を更新したときにも、その都度作成しなければならない。

❹　特定賃貸借契約締結時書面を電磁的方法で提供する場合、相手方がこれを確実に受け取ることができるよう、用いる方法について相手方の書面による承諾が必要である。

❶ 誤り

特定転貸事業者（サブリース業者）は、特定賃貸借契約（マスターリース契約）を締結したときは、契約締結時書面を交付しなければならないが（賃貸住宅管理業法31条１項）、特定賃貸借契約書については、契約締結時書面と兼ねること、および特定転貸事業者が賃貸住宅の維持保全について賃貸人から受託する管理受託契約書を兼ねることは、いずれも可能である。

❷ 正しいので正解

特定転貸事業者（サブリース業者）は、特定賃貸借契約（マスターリース契約）を締結したときには、契約締結時書面を、遅滞なく交付しなければならない（賃貸住宅管理業法31条１項）。

❸ 誤り

特定賃貸借契約締結時書面の交付は、新たに特定賃貸借契約（マスターリース契約）を締結したときだけではなく、変更契約を締結した場合も必要であるが、更新時に特定賃貸借契約変更契約を締結しない場合には、特定賃貸借契約締結時書面の交付は不要である（「解釈・運用の考え方」第31条第１項関係２）。

❹ 誤り

契約締結時書面の交付に代えて、書面に記載すべき事項を電磁的方法により提供する場合（賃貸住宅管理業法31条２項、30条２項前段）において、賃貸住宅の賃貸人（相手方）の承諾が必要であるが、その場合の承諾は書面による承諾でなくてもよい。

正解 ❷

特定賃貸借契約重要事項説明❶（相手方）

▶R04　問39　重要度A

特定転貸事業者が、特定賃貸借契約を締結しようとする際に行う相手方への説明（以下、各問において「特定賃貸借契約重要事項説明」という。）に関する次の記述のうち、正しいものはどれか。

❶　特定賃貸借契約重要事項説明は３年以上の実務経験を有する者によって行わなければならないが、これを満たす従業員がいない場合には、このような実務経験を有する第三者に委託して行わせることができる。

❷　特定賃貸借契約重要事項説明から特定賃貸借契約の締結までに、１週間以上の期間をおかなければならない。

❸　特定賃貸借契約の相手方が賃貸住宅管理業者である場合、特定賃貸借契約重要事項説明は省略してもよい。

❹　特定賃貸借契約期間中に、特定賃貸借契約重要事項説明を行うべき事項に変更があった場合は、契約更新時にその旨の説明を行わなければならない。

要点　**特定賃貸借で重要事項説明をしなくてもよい相手方**

一　特定転貸事業者
二　賃貸住宅管理業者
三　宅建業者
四　特定目的会社
五　組合（組合員が不動産特定共同事業契約を締結している場合）
六　賃貸住宅に係る信託の受託者
七　独立行政法人都市再生機構
八　地方住宅供給公社

❶　誤り

特定転貸事業者（サブリース業者）の重要事項の説明（賃貸住宅管理業法30条）については、資格は不要。また、担当者が行わなければならないのであって、第三者に委託することはできない。

❷　誤り

重要事項の説明は、特定賃貸借契約（マスターリース契約）の契約締結前に行わなければならないが、契約締結前であれば、いつ行ってもよい。契約締結の１週間前に説明を行うことが法律上の義務というわけではない。

❸　正しいので正解

特定賃貸借契約（マスターリース契約）の相手方が賃貸住宅管理業者である場合、特定賃貸借契約重要事項説明を行わなくてよい（賃貸住宅管理業法30条１項かっこ書き、賃貸住宅管理業法施行規則45条１号）。

❹　誤り

重要事項に変更があった場合に説明が必要なのは、特定賃貸借契約変更契約の時であって、更新時ではない。また、組織運営に変更のない商号または名称等の変更等、形式的な変更である場合は、特定賃貸借契約重要事項説明は行わなくてよい（「解釈・運用の考え方」第30条関係１）。

正解　❸

特定賃貸借契約（マスターリース契約）の相手方が、不動産事業の専門家であって、法律で定められている者の場合には、特定賃貸借契約の重要事項説明を省略することができます。この点は特定賃貸借契約の重要事項説明を出題するにあたっては、問題にしやすいところですから、これからも出題されることとなると思われます。

特定賃貸借契約重要事項説明❷（説明事項）

▶R04　問40　重要度A

特定賃貸借契約重要事項説明に関する次の記述のうち、正しいものはどれか。

❶　特定賃貸借契約において家賃改定日を定める場合はその旨を説明すればよく、これに加えて借地借家法に基づく減額請求について説明する必要はない。

❷　特定賃貸借契約を賃貸人と特定転貸事業者との協議の上で更新することができることとする場合は、その旨を説明すればよく、更新拒絶に正当な事由が必要である旨を説明する必要はない。

❸　特定賃貸借契約が終了した場合に賃貸人が特定転貸事業者の転貸人の地位を承継することとする定めを設ける場合は、その旨に加えて、賃貸人が転貸人の地位を承継した場合に正当な事由なく入居者の契約更新を拒むことはできないことを説明しなければならない。

❹　特定賃貸借契約を定期建物賃貸借契約によらない建物賃貸借とする場合は、その旨に加えて、契約期間中に家賃の減額はできないとの特約を定めることはできないことを説明しなければならない。

❶ 誤り

家賃・敷金等の額と家賃の変更は説明事項であり、契約期間中の家賃変更の可能性も説明しなければならない（賃貸住宅管理業法施行規則46条３号、「解釈・運用の考え方」第30条関係２（３））。

❷ 誤り

特定賃貸借契約の更新および解除に関する事項は説明事項である。更新拒絶に正当な事由が必要であることも説明事項となる（賃貸住宅管理業法施行規則46条12号、「解釈・運用の考え方」第30条関係２（12））。

❸ 正しいので正解

特定賃貸借契約が終了した場合における権利義務の承継に関する事項が説明事項である。特定賃貸借契約が終了した場合に賃貸人が転貸人の地位を承継することとする定めが設けられていれば、その旨を説明し、かつ賃貸人が転貸人の地位を承継した場合に、正当な事由なく入居者の契約更新を拒むことはできないことを説明しなければならない（賃貸住宅管理業法施行規則46条13号、「解釈・運用の考え方」第30条関係２（13））。

❹ 誤り

特定賃貸借契約を普通借家契約として締結する場合、家賃減額できないという特約がなければ、家賃は減額できないとの特約を定めることはできないという説明は不要である。なお、家賃減額できないという特約が定められている場合には、特約は無効であることを説明しなければならない（「解釈・運用の考え方」第30条関係２（14））。

正解 ❸

本問は、特定賃貸借契約の重要事項説明における説明事項の問題です。サブリース事業におけるトラブルの多くが賃料関係であったことから、本問では、肢１と肢４で賃料の説明が問われています。なお、肢４は**減額請求に関する特約の説明**が問題にされていますが、令和５年38問でも、再び減額請求に関する特約の説明が問題にされています。

特定賃貸借標準契約書

▶R04　問41　重要度A

特定賃貸借標準契約書（国土交通省不動産・建設経済局令和３年４月23日更新）に関する次の記述のうち、正しいものはどれか。なお、特約はないものとする。

❶　特定賃貸借標準契約書では、貸主は、借主が家賃支払義務を３か月分以上怠っている場合であっても、相当の期間を定めて当該義務の履行を催告することなく契約を解除することはできないとされている。

❷　特定賃貸借標準契約書は、賃貸住宅において借主が住宅宿泊事業法に基づく住宅宿泊事業（いわゆる民泊）を目的として転貸することは認めないことが前提とされているため、民泊を認める場合は、特約事項欄に記載する必要がある。

❸　特定賃貸借標準契約書によれば、借主は、賃貸住宅の適切な維持保全を行うために必要な事項については、書面により貸主に情報の提供を求めなければならない。

❹　特定賃貸借標準契約書によれば、特定賃貸借契約が終了した場合において借主が転借人から敷金の交付を受けているときは、これを転借人との間で精算し、転借人から貸主に敷金を交付させなければならない。

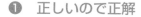

❶ 正しいので正解

家賃支払義務を３か月分以上怠った場合、相当の期間を定めて義務の履行を催告したにもかかわらず、その期間内に当該義務が履行されないときは、本契約を解除することができる、と定められている（特定賃貸借標準契約書18条１項１号）。

❷ 誤り

民泊については、可・否のいずれかを選択し、可の場合に、□住宅宿泊事業法に基づく住宅宿泊事業、□国家戦略特区法に基づく外国人滞在施設経営事業のいずれかまたは両方にチェックを入れる方式となっている（特定賃貸借標準契約書９条１項、頭書（８））。

❸ 誤り

借主が貸主に情報提供を求めるのではなく、貸主が情報を提供しなければならないと定められている（特定賃貸借標準契約書10条５項）。

❹ 誤り

特定賃貸借標準契約が終了した場合には転貸借契約における転貸人の地位が当然に承継されるものとされている（特定賃貸借標準契約書21条１項）。借主が転借人から敷金の交付を受けているときは、特定賃貸借契約が終了した場合には、転貸人の地位が借主から貸主に承継され、貸主が敷金の返還義務を引き継ぐことになる。

正解 ❶

本試験では、国土交通省の策定した**特定賃貸借標準契約書**が題材される問題が出されます。この３年間で５問が出題されました（令和５年問39、令和４年本問、令和３年問33、問33、問35）。賃貸住宅管理業法は、サブリースに関連して多くの一般投資家が被害を被ったことが契機となって制定された法律であり、賃貸不動産経営管理士として実際の契約に関与することも多いと考えられることから、本試験で重要視されているものです。条文にひととおり目をとおし、**過去にどの条文が問われているのかを確認**しておくべきでしょう。

令和4年度

個人情報保護法

▶R04　問42　重要度A

個人情報の保護に関する法律（以下、本問において「個人情報保護法」という。）に関する次の記述のうち、誤っているものの組合せはどれか。

ア　個人情報取扱事業者が個人情報を取得する場合は、利用目的をできる限り特定して通知又は公表する必要があるが、要配慮個人情報でない限り、本人の同意を得る必要はない。

イ　個人情報取扱事業者が、個人データを漏えいした場合、不正アクセスによる場合であっても、本人の数が1,000人を超える漏えいでない限り、個人情報保護委員会に報告する義務はない。

ウ　個人情報取扱事業者が委託先に個人データを提供することは、それが利用目的の達成に必要な範囲内であっても、個人データの第三者提供に該当するため、本人の同意を得る必要がある。

エ　取り扱う個人情報の数が5,000人分以下である事業者であっても、個人情報データベース等を事業の用に供している者には、個人情報保護法による規制が適用される。

❶　ア、ウ
❷　ア、エ
❸　イ、ウ
❹　イ、エ

ア　正しい

要配慮個人情報（個人情報保護法２条３項）を取得するには本人の同意を要するが（同法18条１項）、要配慮個人情報以外であれば、個人情報の取得についての本人の同意は不要である。

イ　誤り

不正アクセス等故意による個人データの漏えい、滅失、毀損（漏えい等）があった場合には、その事態が生じた旨を個人情報保護委員会に報告しなければならない（個人情報保護法26条１項本文。同法施行規則７条）。不正アクセス等故意による漏えい等ならば、本人の数が1,000人を超える漏えいではなくても、報告が必要となる。

ウ　誤り

個人情報取扱事業者が委託先に個人データを提供することは、利用目的の達成に必要な範囲内であれば、個人データの第三者提供に該当しないから、本人の同意は必要がない（個人情報保護法27条１項・５項イ）。

エ　正しい

個人情報データベース等を事業の用に供している者については、個人情報の数にかかわらず、個人情報保護法が適用される。

誤っているものの組合せは、イとウである。

正解　❸

チェック

個人情報の取扱いは、賃貸住宅管理においても、法令に則り、かつ慎重に行わなければなりません。本試験でも、個人情報保護法が繰り返し出題されています（令和４年本問、令和２年問３、問33、令和元年問４）。個人情報保護法に関しては、取得や利用目的の通知なども重要ですが、本問では、**要配慮個人情報**、**個人データの漏えい等への対応**、**個人データの第三者提供**が問われています。個人情報は、デジタル社会において深刻な脅威にさらされており、賃貸住宅管理において管理業者やサブリース業者が個人情報を取り扱う機会が多いことを考えれば、これからも出題されるテーマになると考えられます。

人の死の告知に関するガイドライン

▶R04　問43　重要度B

問43 賃貸取引の対象となる物件において人が死亡した場合の宅地建物取引業者の義務に関する次の記述のうち、「宅地建物取引業者による人の死の告知に関するガイドライン」（国土交通省不動産・建設経済局令和３年10月公表）に照らして適切なものの組合せはどれか。

ア　取引の対象となる不動産における事案の有無に関し、宅地建物取引業者は、原則として、貸主・管理業者以外に自ら周辺住民に聞き込みを行ったり、インターネットサイトを調査するなどの自発的な調査を行ったりする義務がある。

イ　入居者が入浴中に溺死したときは、宅地建物取引業者は、次の賃貸借取引の際、原則として、借主に告知する必要がある。

ウ　入居者が死亡した場合、宅地建物取引業者は、死亡時から３年を経過している場合であっても、借主から事案の有無について問われたときは、調査を通じて判明した点を告知する必要がある。

エ　宅地建物取引業者が人の死について告知する際は、事案の発生時期、場所、死因及び特殊清掃等が行われた場合にはその旨を告げるものとし、具体的な死の態様、発見状況等を告げる必要はない。

❶　ア、イ
❷　ア、エ
❸　イ、ウ
❹　ウ、エ

ア　適切ではない

仲介業者には、売主・賃貸人に対し、過去に生じた人の死について、告知書等に記載を求めることで、通常の情報収集としての調査義務を果たしたことになる。売主・貸主・管理業者以外に自ら周辺住民に聞き込みを行ったり、インターネットサイトを調査するなどの自発的な調査を行ったりする義務はない。

イ　適切ではない

対象不動産で発生した自然死、日常生活の中での不慮の死（転倒事故、誤嚥など）については、告知の義務はない。

ウ　適切

賃貸借では、自然死等でないもの（他殺・自殺）については、概ね３年が経過している場合には告知の必要はないが、借主から求められた場合には、調査を通じて判明した事実を告知しなければならない。

エ　適切

人の死等について告知をしなければならない場合であっても、人の死等を告げる際には、亡くなった方やその遺族等の名誉及び生活の平穏に十分配慮し、これらを不当に侵害することのないようにする必要があるから、氏名、年齢、住所、家族構成や具体的な死の態様、発見状況等を告げる必要はない。

適切なものの組合せは、ウとエである。

国土交通省の示した「宅地建物取引業者による人の死の告知に関するガイドライン」は、人の死に関する事案が、取引の相手方等の判断に重要な影響を及ぼすと考えられる場合には、これを告げなければならないという大原則と、この大原則に対する例外、および例外の例外で成り立っています。例外のうちで重要なのは、賃貸借では、対象住戸・日常生活で使用する共用部分であっても、**事案発生から概ね３年間経過すれば告知は不要**になることです。例外の例外の主なものは、借主から事案の有無について問われた場合や、社会的影響の大きさから買主・借主において把握しておくべき特段の事情があると認識した場合等は告げる必要があるということです。国土交通省の示すガイドラインの表現は、一般のみなさまには到底理解できないような分かりづらい表現で書かれていますので、そのような構造を踏まえたうえで、理解をしておくことが必要です。

賃貸住宅管理の意義

▶R04　問44　重要度B

賃貸住宅管理に関する次の記述のうち、最も適切なものはどれか。

❶　「賃貸住宅の計画的な維持管理及び性能向上の推進について～計画修繕を含む投資判断の重要性～」（国土交通省平成31年３月公表）では、高経年建物の大幅な増加や居住者側のニーズの多様化を背景に、空室率の上昇や家賃水準の引下げのおそれがあることから、賃貸住宅の貸主が中長期的な視点のもとで計画修繕するなどの投資判断を行うことの重要性が述べられている。

❷　地価の二極化が進む中で不動産市場が活力を失い、借り手市場となって空室対策に苦しむエリアにおいて、入居率を維持し賃貸収入を確保するためには、借主の入替えに伴う新規入居者からの一時金収入と賃料引上げに期待する考え方を強化することが大切になっている。

❸　既存の賃貸住宅経営の観点から優良な借主に長く契約を継続してもらうニーズが大きくなり、借主の立場を重視した管理のあり方が要請されているが、借主は借地借家法で保護されていることから、借主を消費者と位置付けて消費者保護の観点から賃貸借関係を捉える必要はない。

❹　「不動産業ビジョン2030～令和時代の『不動産最適活用』に向けて～」（国土交通省平成31年４月24日公表）は、不動産流通業の役割として、資産価値の維持・向上を通じたストック型社会の実現、コミュニティ形成、高齢者見守りなど付加価値サービスの提供やエリアマネジメント推進を指摘した。

❶ 最も適切なので正解

高経年建物の大幅な増加、および居住者側のニーズの多様化のなかで、貸主としては、計画修繕するなどの投資判断を行うことが重要である旨が指摘されている。

❷ 適切ではない

賃貸収入を確保するためには、新規入居者からの一時金収入とその際の賃料引き上げに期待するのではなく、優良な賃借人に長く住んでもらうことが重要になっている。

❸ 適切ではない

賃貸住宅管理は、貸主の利益だけではなく、入居者・利用者を含めたすべての関係者の利益に配慮し行うべきである。

❹ 適切ではない

不動産業ビジョン2030では、管理サービスを不動産価値を維持向上させる業と捉え、コミュニティ形成や高齢者のための日常生活の見守りを管理の役割としている。これらを不動産流通業の役割としている点において本肢は適切ではないと思料される。

正解 ❶

平成31年（2019年４月）、国土交通省が、「不動産業ビジョン2030～令和時代の『不動産最適活用』に向けて～」と題して、不動産業に携わるすべてのプレーヤーが不動産業の持続的な発展を確保するための官民共通の指針を発表しました。賃貸住宅管理業も、不動産業のひとつであり、業の将来を考えるにあたっては、この指針は必ず理解しておくべきものです。そのため、本試験でも、令和２年（問１）、令和４年（問44）、令和５年（問48）と、繰り返し取り扱われています。今後の試験においても、社会経済状況の基本の理解をきく問題の題材として、取り上げられる可能性があります。

賃貸不動産経営管理士に期待される役割

▶R04　問45　重要度A

賃貸不動産経営管理士に期待される役割に関する次の記述のうち、最も不適切なものはどれか。

❶　賃貸不動産の経営管理の専門家として、重要な政策課題や新しい賃貸住宅の活用のあり方につき、所属する管理業者に助言をして制度設計を進め、実際の業務の管理監督や実施を担うなど、当該課題の解決等に向けて積極的に関与する。

❷　「住宅確保要配慮者に対する賃貸住宅の供給の促進に関する法律」を踏まえ、住宅扶助費の代理納付制度や残置物の取扱いに係る契約上の取扱いなどを貸主に対して説明して理解を求め、住宅確保要配慮者が安心して暮らせる賃貸住宅の提供に役割を果たす。

❸　空き家所有者に対する有効活用の助言、賃貸借に係る情報やノウハウの提供、入居者の募集、賃貸管理の引受けなどの助言を通じ、空き家所有者が安心して賃貸不動産経営に参画できる環境を整備し、空き家問題の解決に役割を果たす。

❹　所属する管理業者が「残置物の処理等に関するモデル契約条項」（法務省・国土交通省令和３年６月公表）に基づく解除事務受任者・残置物事務受任者である場合において、賃貸借契約中に借主が死亡した際の契約関係の処理につき、借主の相続人の意向による影響を排除する立場で関与する。

❶　適切

賃貸不動産経営管理士は、賃貸不動産経営・管理の専門家であり、管理業者に助言を行うなど、管理業務の課題解決に向けて積極的に関与するべきである。

❷　適切

福祉事務所の代理納付の制度や残置物の取扱いに関しても、賃貸不動産経営・管理の専門家である賃貸不動産経営管理士が、賃貸住宅の状況を把握して、適切な対応をとることが期待される。

❸　適切

空き家を賃貸住宅として活用できるように、賃貸不動産経営管理士には、空き家所有者が安心して賃貸不動産経営に参画できる環境の整備等に積極的に関与し、空き家の賃貸化の促進等を通し、空き家問題の解決に役割を果たすことが期待される。

❹　最も不適切なので正解

「残置物の処理等に関するモデル契約条項」によれば、管理業者が解除事務受任者・残置物事務受任者になることも想定されているところ、受任者は本人との関係で善管注意義務を負うものであって、賃貸借契約中に借主が死亡した際の契約関係の処理については、受任者となる管理業者は、本人となる借主の相続人の意向に沿って業務を行わなければならない。

正解　❹

賃貸不動産経営管理士は、管理業務の課題解決に向けて積極的に関与しなければなりません。そのために、不動産業に関する最新の情報を得ることは不可欠です。本問は、不動産業に関する最新の情報を把握できているかどうかを問う問題です。肢2で言及する福祉事務所の代理納付の制度や残置物の取扱い、肢3で対象とする空き家対策、肢4で扱う「**残置物の処理等に関するモデル契約条項**」は、いずれも詳細まで知ることはかならずしも必要はないけれども、その概要は知っておく必要があります。

賃貸不動産経営管理士に求められるコンプライアンス

▶R04　問46（５点免除）　重要度Ａ

賃貸不動産経営管理士に求められるコンプライアンスに関する次の記述のうち、最も不適切なものはどれか。

❶　日頃から人権問題に関心を持ち、人権意識を醸成して自らの専門性を発揮するとともに、貸主に対しては差別が許されないことを十分に理解してもらい、自社の他の従業員に対して積極的に指導を行うなどして、賃貸住宅管理業界全体の社会的役割の実現と人権意識の向上に努めるべきである。

❷　賃貸不動産経営管理士は、関係する法令やルールを遵守することはもとより、賃貸住宅管理業に対する社会的信用を傷つけるような行為や社会通念上好ましくない行為をしてはならないが、情報化社会の進展を背景として、自らの能力や知識を超える業務を引き受けることも認められる。

❸　管理業者が、貸主からの委託を受けて行う管理業務は法律的には代理業務にあたることから、管理業者はもとより賃貸不動産経営管理士も当事者間で利益が相反するおそれに留意する必要がある。

❹　所属する管理業者から、賃貸不動産経営管理士としてのコンプライアンスに基づけば選択するべきではない管理業務の手法を要請された場合、その非を正確な法令知識等に基づいて指摘するなど、高度の倫理観に基づき業務を行うべきである。

❶ 適切である

賃貸不動産経営管理士は、住生活の向上等に寄与するという重要な社会的責務を担っており、また、人権問題の早期解決は国民的課題であるから、管理業務に従事する者に対する指導等を通じて、賃貸住宅管理業界全体の社会的役割の実現と人権意識の向上に努めなければならない。

❷ 最も不適切なので正解

貸不動産経営管理士は、業務の内容が自らの能力や知識で対応し得るものではない場合には、業務を引き受けてはならない（倫理憲章（六）能力を超える業務の引き受け禁止）。

❸ 適切である

管理受託契約は準委任であり、管理業者は貸主に対して善管注意義務を負う。管理業者は貸主の利益に反する行為を行ってはならないし、また賃貸不動産経営管理士もまた貸主の利益に反する行為を行ってはならない。

❹ 適切である

賃貸不動産経営管理士は関係する法令とルールを遵守し、社会通念上好ましくないと思われる行為を厳に慎まなければならない（倫理憲章（二）法令の遵守と信用保持）。法令遵守の考え方に基づけば選択するべきではない業務については、たとえ管理業者から要請されたとしても、その非を指摘するなどして、倫理に違反することのないように業務を行わなければならない。

正解 ❷

チェック

賃貸不動産経営管理士は、住生活の向上等に寄与するという重要な社会的責務を担っており、責任のある立場にいることを、自覚しなければなりません。そのような観点から、試験では、求められるコンプライアンスに関する知識がしばしば問われています。肢3では、受託業務を善良な管理者の注意（善管注意）をもっておこなうべきことが問われています。また、賃貸不動産経営管理士については、倫理憲章が定められています。本試験は、肢2や肢4のように、倫理憲章がそのまま問われることもありますから、本試験を受験するにあたっては、**「賃貸不動産管理の知識と実務」を利用して倫理憲章を読んでおくことも必要です。**

令和4年度

入居者の募集

▶R04　問47（５点免除）　重要度Ａ

賃貸住宅の入居者の募集に関する次の記述のうち、最も適切なものはどれか。

❶　入居希望者が独身の後期高齢者である場合、健康状態の確認のため、病歴を申告する書類の提出を求める必要がある。

❷　入居希望者の年収と募集賃料とのバランスがとれていないと判断される場合であっても、契約者ではない同居人の年収の申告を求めるべきではない。

❸　サブリース方式では、特定転貸事業者は借受希望者との交渉を任されている立場に過ぎず、最終的に入居者を決定する立場にはない。

❹　入居審査のため借受希望者から提出された身元確認書類は、入居を断る場合には、本人に返却する必要がある。

要点　入居審査

- 借受希望者の職業・年齢・家族構成・年収が申込物件に妥当かどうか検討することは許される
  ※誰と契約を締結するかは、法律上自由　※差別的な審査とはいえない
- 管理受託方式では、借受希望者が物件に入居するのがふさわしいかどうかや、入居条件が妥当かどうかの最終判断は管理業者ではなく賃貸人が行う
- 申込者が外国人の場合、身元確認書類として、パスポートのほか、住民票を利用することができる

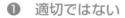

❶ 適切ではない

個人の病歴は入居審査には不要である。個人情報であるとともに、病歴を申告させることはプライバシーの侵害にあたり、病歴を申告する書類の提出を求める必要はない。

❷ 適切ではない

契約者と同居人の収入をあわせて賃料を支払うことが予定されている場合には、募集賃料と賃料支払能力のバランスを判断するという観点から、同居人の年収の申告を求めることが必要となる。

❸ 適切ではない

特定転貸事業者は転貸借契約における賃貸人になるから、最終的に入居者を決定する立場に立つ。

❹ 最も適切なので正解

入居審査のため借受希望者から提出された身元確認書類は、入居の審査と入居後の賃貸管理のために必要となる書類である。入居審査を了えて入居を断る場合には、入居審査のため借受希望者から提出された身元確認書類は、本人に返却しなければならない。

正解 ❹

保　険

▶R04　問48（５点免除）　重要度Ａ

保険に関する次の記述のうち、最も不適切なものはどれか。

❶　賃貸不動産経営には様々なリスクが存在するが、保険に加入することでそのリスクを一定程度軽減・分散することができる。

❷　建物の火災保険の保険金額が3,000万円の場合、地震保険金額の限度額は3,000万円×50％＝1,500万円であるが、火災保険の保険金額が１億1,000万円の場合の地震保険の限度額は１億1,000万円×50％＝5,500万円とはならず、5,000万円になる。

❸　近隣からの類焼による被害を受けても、失火者に重大な過失がある場合を除き、失火者には損害賠償責任を問えないため、類焼被害に対しては被害者自らが火災保険に加入して備えておく必要がある。

❹　保険料は、保険会社が引き受けるリスクの度合いに比例するものでなければならず、例えば木造建物であれば構造上の危険度は同じであるため、保険料率は全国一律で定められている。

❶　適切

保険は、将来起こるかもしれない危険に対し、危険を軽減・分散する方策である。保険に加入することでそのリスクを一定程度軽減・分散することができる。

❷　適切

地震保険の保険金額は、主契約である火災保険の保険金額の50%まで、建物は5,000万円まで、家財は1,000万円までである。火災保険の保険金額が１億1,000万円の場合の地震保険の限度額については、建物についての5,000万円までという制約によって、5,000万円が上限になる。

❸　適切

失火責任法は、失火による不法行為責任を、故意重過失のある場合に限定するから、近隣からの類焼による被害を受けても、失火者に重大な過失がなければ、損害賠償を請求することはできない。自ら火災保険に加入することは、類焼被害に対する備えとなる。

❹　最も不適切なので正解

保険料は保険会社が引き受けるリスクの度合いに比例するものでなければならないのであって、保険料率は、それぞれの危険度に応じて決定される。木造建物では、構造、地域によって火災危険度が異なるから、全国の木造建物の火災保険は一律に定められているものではなく、構造、地域によって保険料率は異なるものとされている。

正解　❹

賃貸不動産の経営には、保険をかけることが必要です。本試験においても、このことを反映して、保険の問題が出されます。令和元年から令和４年までは、連続して出題されていました（令和４年本問、令和３年問49、令和２年問42、令和元年問40）。令和５年には保険の問題はでませんでしたが、令和６年以降は、再び出題される可能性があります。保険の問題の中でも、特によく出るのが、本肢２で扱う**地震保険**です。地震保険の考え方や限度額などは、本試験において正解を導くための基礎知識です。

税金（所得税特例、固定資産税、青色申告）

▶R04　問49（５点免除）　重要度B

不動産の税金に関する次の記述のうち、適切なものはいくつあるか。

ア　賃貸住宅と自宅とを併用する不動産を売却する場合、譲渡所得について事業用の特例と居住用の特例を組合せて採用することはできない。

イ　遊休土地にアパート等の居住用の家屋を建築した場合、その完成が令和４年１月15日であったときは、建物に関する令和４年の固定資産税は課税されない。

ウ　不動産の貸付が事業的規模であること、正規の簿記の原則により取引を記帳していること、及び電子申告要件等一定の要件を満たす場合には、青色申告による控除額は65万円である。

❶　なし
❷　１つ
❸　２つ
❹　３つ

ア　不適切

賃貸住宅と自宅とを併用する不動産を売却する場合、譲渡所得について、特定の事業用資産の買換え特例等の譲渡所得の課税の特例と、個人が居住用財産の3,000万円控除の適用対象となる資産を譲渡した場合の特例の両方の適用対象となる。売却する不動産が賃貸住宅と自宅の併用住宅、店舗と事務所併用住宅等である場合には、２つの特例を組み合わせて利用することもできる。

イ　適切

固定資産税は、毎年１月１日現在の土地、家屋などの所有者に賦課されるものであり、１月１日の時点で完成していない家屋には課税されない。

ウ　適切

不動産所得のある個人は、青色申告をすることができ、青色申告の承認を受ければ、税務上の特典を受けられる。❶事業的規模により不動産の貸付けを行っていること、❷正規の簿記の原則（複式簿記）により取引を記帳していること、❸確定申告書に貸借対照表と損益計算書等を添付し、期限内に提出することという３つの要件を満たした場合には、不動産所得から、65万円の控除を受けられる。

適切なものは、イとウの２つである。

正解　❸

税金は、令和５年に２問、令和４年と令和３年に１問ずつ出ています。本問は、肢１で譲渡所得についての特例、肢２で固定資産税、肢３で青色申告が取り上げられています。税金については細かい知識を学習することは、賃貸不動産経営管理士の試験では求められていません。いずれも知識と実務の記載内容をひととおり理解すれば、解ける問題であり、「賃貸不動産管理の知識と実務」を利用することが、税金についての最も適切な学習方法です。

プロパティマネジメントとアセットマネジメント

▶R04　問50（５点免除）重要度Ａ

プロパティマネジメント業務とアセットマネジメント業務に関する次の記述のうち、最も適切なものはどれか。

❶　プロパティマネージャーは、自らの業務に合理性があることについて、説明責任を負担しており、説明責任を果たすための客観的な根拠を準備しておかなければならない。

❷　可能な限り既存の借主が退出しないように引き留め、維持しておくことは、アセットマネージャーの責務となる。

❸　不動産投資について、資金運用の計画、決定・実施、実施の管理を行うのがプロパティマネジメントである。

❹　アセットマネージャーは、プロパティマネージャーの指示のもとに、アセットマネジメント業務を担当する。

❶ 最も適切なので正解

プロパティマネジメントは、投資家から委託を受けて、投資家のために行われる業務だから、業務の合理性を説明できなければならない。業務の合理性については、客観的な根拠が必要である。

❷ 適切ではない

賃借人を維持する業務（テナントリテンション）は、アセットマネージャーの責務というよりは、プロパティマネージャーの責務である。

❸ 適切ではない

不動産投資についての資金運用の計画、決定・実施、実施の管理を行う業務はアセットマネジメントである。プロパティマネジメント（不動産の実際の管理・運営を行う業務）ではない。

❹ 適切ではない

アセットマネージャーからの委託を受けて、アセットマネージャーの指示のもとに、実際の賃貸管理・運営を行うことがプロパティマネジメントである。プロパティマネージャーは、賃借人管理、建物管理、会計処理等を行う。

正解 ❶

不動産証券化は、現在では多くの賃貸住宅経営において資金調達の手段として採用されており、賃貸不動産経営管理士も、不動産証券化の基礎知識を知っておく必要があります。本問は、アセットマネジメント業務とプロパティマネジメント業務に関する問題ですが、賃貸住宅管理は、不動産証券化の仕組みのなかでは、**プロパティマネジメント**の役割を担う立場となります。賃貸不動産経営管理士は、プロパティマネージャーとしての責任のある立場に立つことになる資格者であることから、今後ともアセットマネジメント業務とプロパティマネジメント業務についての試験問題が出題されることがあるものと考えられます。

令和３年度
賃貸不動産経営管理士試験問題

令和3年11月19日

●四肢択一式 50 問　●120 分

管理受託契約重要事項説明❶

▶R03　問01　重要度A

賃貸住宅の管理業務等の適正化に関する法律（以下、各問において「管理業法」という。）に定める賃貸住宅管理業者が管理受託契約締結前に行う重要事項の説明（以下、各問において「管理受託契約重要事項説明」という。）に関する次の記述のうち、適切なものはどれか。

❶　管理受託契約重要事項説明は、管理受託契約の締結とできるだけ近接した時期に行うことが望ましい。

❷　管理受託契約重要事項説明は、業務管理者が行わなければならない。

❸　賃貸住宅管理業者は、賃貸人が管理受託契約重要事項説明の対象となる場合は、その者が管理受託契約について一定の知識や経験があったとしても、書面にて十分な説明をしなければならない。

❹　管理受託契約に定める報酬額を契約期間中に変更する場合は、事前説明をせずに変更契約を締結することができる。

❶ 適切ではない

賃貸人が契約内容を十分に理解した上で契約を締結できるように、説明から契約締結までに1週間程度の期間をおくことが望ましい（「解釈・運用の考え方」第13条関係）。

❷ 適切ではない

説明を行う者についての制限はない（「解釈・運用の考え方」第13条関係）。なお、業務管理者は、賃貸住宅管理業法上、自ら説明等を行うのではなく、説明等に関する管理および監督を行うことがその役割である（賃貸住宅管理業法12条1項）。

❸ 適切なので正解

賃貸人に知識や経験があるというだけでは、説明義務は免れない。なお、相手方が賃貸住宅管理業者など、所定の者である場合には、説明を行わなくてもよいものとされている（賃貸住宅管理業法13条1項かっこ書き、同法施行規則30条）。

❹ 適切ではない

契約期間中に報酬の額などに変更があった場合には、変更のあった事項について、当初契約の締結前の管理受託契約重要事項説明と同様の方法により、賃貸人に対して書面の交付等を行った上で説明しなければならない（「解釈・運用の考え方」第13条関係）。

正解 ❸

管理受託契約重要事項説明❷（説明事項）

▶R03　問02　重要度A

次の記述のうち、賃貸住宅管理業者が管理受託契約重要事項説明において説明しなければならない事項として適切なものはいくつあるか。

ア　管理業務の内容及び実施方法
イ　報酬並びにその支払の時期及び方法
ウ　管理業務の一部の再委託に関する事項
エ　管理受託契約の更新及び解除に関する事項

❶　1つ
❷　2つ
❸　3つ
❹　4つ

ア　適切

賃貸住宅管理業者は、管理受託契約を締結しようとするときは、賃貸住宅の賃貸人に対し、管理受託契約を締結するまでに、定められた事項について、書面を交付して説明しなければならない（賃貸住宅管理業法13条１項）。管理業務の内容及び実施方法は説明事項である（同法施行規則31条３号）。

イ　適切

報酬の額並びにその支払の時期及び方法は説明事項である（賃貸住宅管理業法施行規則31条４号）。

ウ　適切

管理業務の一部の再委託に関する事項は説明事項である（賃貸住宅管理業法施行規則31条６号）。

エ　適切

管理受託契約の更新及び解除に関する事項は説明事項である（賃貸住宅管理業法施行規則31条11号）。

ア、イ、ウ、エのいずれも適切で、適切なものは４つである。

管理受託契約重要事項説明❸（IT 活用）

▶R03　問03　重要度A

管理受託契約重要事項説明における IT の活用に関する次の記述のうち、誤っているものはどれか。

❶　管理受託契約重要事項説明に係る書面（以下、本問において「管理受託契約重要事項説明書」という。）に記載すべき事項を電磁的方法により提供する場合、賃貸住宅の賃貸人の承諾が必要である。

❷　管理受託契約重要事項説明書を電磁的方法で提供する場合、出力して書面を作成できる方法でなければならない。

❸　管理受託契約重要事項説明をテレビ会議等の IT を活用して行う場合、管理受託契約重要事項説明書の送付から一定期間後に説明を実施することが望ましい。

❹　管理受託契約重要事項説明は、賃貸住宅の賃貸人の承諾があれば、音声のみによる通信の方法で行うことができる。

要点　**テレビ会議等による説明**

重要事項説明は、以下の❶～❸の条件を満たす場合には、テレビ会議により実施することができる

❶説明者と相手方の両者が、図面等の書類および説明の内容について、十分に理解できる程度に映像を視認でき、かつ、音声を十分に聞き取ることができ、双方向でやりとりできる環境にあること

❷重要事項説明書および添付書類をあらかじめ送付していること（ただし、相手方が承諾した場合を除く）

❸相手方が、重要事項説明書および添付書類を確認しながら説明を受けることができる状態にあること、映像および音声の状況について、説明開始前に確認していること

❶ 正しい

賃貸住宅管理業者は、管理受託契約重要事項説明書の交付に代えて、書面に記載すべき事項を電磁的方法により提供することができるが、その場合には、管理業務を委託しようとする賃貸住宅の賃貸人の承諾を得なければならない（賃貸住宅管理業法13条２項前段）。

❷ 正しい

書面の記載事項の電磁的方法による提供の方法は、基準に適合するものでなければならない。受信者が受信者ファイルへの記録を出力することにより書面を作成できるものであることがひとつの基準となっている（賃貸住宅管理業法施行規則32条２項１号）。

❸ 正しい

説明をテレビ会議等の IT を活用して行うことも可能である。説明をテレビ会議等の IT を活用して行う場合には、書面等の送付から一定期間後に、IT を活用した説明を実施することが望ましい（「解釈・運用の考え方」第13条関係４（２））。

❹ 誤っているので正解

書面の記載事項を電磁的方法によって提供する場合、図面等の書類及び説明の内容について十分に理解できる程度に映像を視認でき、かつ、双方が発する音声を十分に聞き取ることができる状態による必要がある。新規契約について電話やメールによる手段での重要事項説明は認められない（FAQ 集３（２）９、10）。なお、変更契約については、電話で行うことが認められる（令和５年問３参照）。

正解 ❹

管理受託契約の性格

▶R03　問04　重要度A

管理受託契約の性質に関する次の記述のうち、適切なものはどれか。

❶　管理受託契約は、民法上の委任と雇用の性質を併有することが想定されている。
❷　民法上の請負は、法律行為又は事実行為をすることを目的とする。
❸　建物設備の維持保全業務は、民法上の準委任に当たる。
❹　民法上の委任契約は、書面で契約を締結することが義務付けられている。

❶ 適切ではない

管理受託契約は、一般には、委任契約（または準委任契約）と請負契約の合わさった混合契約であることが多くなる。雇用の性質を有するものではない。

❷ 適切ではない

請負は、当事者の一方がある仕事を完成することを約し、相手方がその仕事の結果に対してその報酬を支払うことを約する契約である（民法632条）。法律行為を目的とするのではなく、事実行為をすることを目的とする契約である。

❸ 適切なので正解

準委任とは、当事者の一方が法律行為でない事務を相手方に委託し、相手方がこれを承諾することによって成立する契約である（民法656条、643条）。建物の維持保全業務は、通常法律行為でない事務であり、準委任にあたる。

❹ 適切ではない

民法上、委任は、当事者の一方が法律行為をすることを相手方に委託し、相手方がこれを承諾することによって、その効力を生ずる（民法643条）。書面で契約することは義務づけられていない。

正解 ❸

標準管理受託契約書

▶R03　問05　重要度Ａ

次の記述のうち、賃貸住宅標準管理受託契約書（国土交通省不動産・建設経済局令和３年４月23日公表。以下「標準管理受託契約書」という。）にて賃貸住宅管理業者に代理権が授与されている事項に含まれないものはどれか。

❶　未収金回収の紛争対応
❷　賃貸借契約の更新
❸　修繕の費用負担についての入居者との協議
❹　原状回復についての入居者との協議

❶ 含まれないので正解

未収金回収の紛争対応は管理業者に代理権が授与される事項には含まれない。なお、敷金、その他一時金、家賃、共益費（管理費）及び附属施設使用料の徴収については、管理業者は委託者を代理するものとされている（標準管理受託契約書14条１号)。管理業者が未収金回収の紛争対応という法律事件に関して法律事務を取り扱うことは、非弁行為として弁護士法に違反するおそれがある（弁護士法72条)。

❷ 含まれる

管理業者は、賃貸借契約の更新については、依頼者を代理するものとされている（標準管理受託契約書14条４号)。

❸ 含まれる

管理業者は、修繕の費用負担についての借主との協議については、依頼者を代理するものとされている（標準管理受託契約書14条５号)。

❹ 含まれる

管理業者は、賃貸借契約の終了に伴う原状回復についての借主との協議については、依頼者を代理するものとされている（標準管理受託契約書14条６号)。

正解 ❶

賃貸住宅の管理の実務

▶R03　問06　重要度A

賃貸住宅の管理の実務に関する次の記述のうち、最も適切なものはどれか。

❶　借主の入れ替えに伴う鍵交換のタイミングは、新しい借主が決定した後ではなく、従前の借主が退去したときが望ましい。

❷　空室は、劣化や傷みをできるだけ防ぐため、室内に立ち入ることは望ましくない。

❸　共用部分の清掃に関し、年間の清掃計画と定期点検計画を借主に事前に知らせることは、賃貸住宅管理業者の重要な役割である。

❹　建物共用部分の廊下や階段に借主の私物が放置されている場合、賃貸住宅管理業者は発見後、直ちに自らその私物の移動や撤去をする必要がある。

要点　鍵の種類

❶ディスクシリンダー	●ピッキング被害に弱い ●現在は製造されていない
❷ロータリー（U9）シリンダー	●現在最も普及 ●ピッキングに対応の防犯性能がある
❸ディンプルキー対応シリンダー（リバーシブルピンシリンダー）	●表面にディンプル（くぼみ）がある鍵に対応 ●高額物件で使用される

※侵入盗の約７割が侵入をあきらめるとされる**５分**に耐えうるなどの防犯性能試験に合格し、警察庁により防犯性能が高いと認められた「**CP認定錠**」、または「**１ドア２ロック**」を玄関扉に採用することが望ましい

❶ 適切ではない

鍵交換のタイミングは、前の賃借人の退出後に退去後リフォームが終了し、借受希望者に対する案内も終えて実際に入居する賃借人が決定した後とすることが望ましいものとされている。

❷ 適切ではない

住宅は利用されなくなると劣化し傷みが生じる。管理業者が、空室の劣化や傷みをできるだけ防ぐために、窓を開けて換気を行うなど、定期的に入室して、空室を管理する業務を行うべきである。

❸ 最も適切なので正解

共用部分の清掃については、周期を定めて行う必要がある。また、床のワックスがけやしみ抜きなどの機械を使う清掃も定期的に行う必要がある。管理業者は、これらの清掃について年間計画を立てて、借主に事前に知らせなければならない。

❹ 適切ではない

管理業者は、階段や廊下の私物の放置を発見したときは即座に撤去を求めなければならない。しかし、放置されている物であっても他人の物であるから、法的な手続きを経ることなく、自らこれらを移動したり撤去したりすることはできない。

正解 ❸

自然災害（修繕費用）

▶R03　問07　重要度A

賃貸住宅等の管理と自然災害に関する次の記述のうち、最も不適切なものはどれか。

❶　賃貸借契約締結時には、借主に対し、地方公共団体が作成した水害ハザードマップ等に記載された避難所の位置について示すことが望ましい。

❷　ブロック塀の耐震診断や除去・改修等を行う場合、地方公共団体が設ける助成金制度の活用を検討することが望ましい。

❸　震災等の不可抗力による賃貸住宅の損傷の修繕費用は借主が負担すべきものではない。

❹　震災等の不可抗力により賃貸住宅の設備の一部が損傷した場合、貸主はその修繕を拒むことができる。

要点　**被災の後の取扱い**

応急危険度判定	●被災直後、使用制限の要否を判定、地方自治体の依頼 ●外観から判定 ●危険（赤）、要注意（黄）、調査済（緑）のステッカーで表示
被災度区分判定	●継続使用のための復旧の要否を判定 ●内部に立ち入り調査、建物所有者の依頼による
り災証明	●市町村長が、家屋の財産的被害程度（全壊、半壊など）を証明 ●保険の請求や税の減免などに用いられる

❶ 適切

宅建業法上、宅建業者は、賃貸借契約を締結しようとするときには、水害ハザードマップを提示し、物件の概ねの位置を示す義務があり、加えて、避難所について、併せてその位置を示すことが望ましいとされている（宅地建物取引業法の解釈・運用の考え方）。管理業者においても、避難所の位置を示すことが望まれる。

❷ 適切

避難道路沿道のブロック塀などの除去・改修等については、各地方公共団体による支援制度が創設されている。ブロック塀などの所有者等に対して、耐震診断や除去・改修等を行う場合、防災・安全のための助成金の制度を活用することができる。

❸ 適切

賃貸人は、賃貸物の使用および収益に必要な修繕を行わなければならない（民法606条１項）。損傷が地震等の不可抗力によるものであったとしても、修繕費用は賃貸人の負担である。

❹ 最も不適切なので正解

賃貸人には、修繕義務がある（民法606条１項）。損傷が地震等の不可抗力によるものであっても、賃貸人は修繕を拒むことはできない。

正解 ❹

土地工作物責任

▶R03　問08　重要度A

土地工作物責任に関する次の記述のうち、適切なものの組合せはどれか。

ア　建物の設置又は保存に瑕疵があることによって他人に損害を生じたときは、一次的には所有者が土地工作物責任を負い、所有者が損害の発生を防止するのに必要な注意をしたときは、占有者が土地工作物責任を負う。

イ　建物の管理を行う賃貸住宅管理業者は、建物の安全確保について事実上の支配をなしうる場合、占有者として土地工作物責任を負うことがある。

ウ　建物に建築基準法違反があることによって他人に損害を生じたときは、建設業者が損害賠償責任を負うのであって、建物の所有者及び占有者は土地工作物責任を負わない。

エ　設置の瑕疵とは、設置当初から欠陥がある場合をいい、保存の瑕疵とは、設置当初は欠陥がなかったが、設置後の維持管理の過程において欠陥が生じた場合をいう。

❶　ア、ウ
❷　イ、ウ
❸　イ、エ
❹　ア、エ

要点　**土地工作物責任**

- 土地の工作物の設置または保存に瑕疵があることによって他人に損害を生じた場合の責任（民法717条1項）
  ※瑕疵とは、安全性が欠如し、欠陥があることがある

一次的な責任	➡工作物の占有者
二次的な責任 ※占有者が損害の発生を防止するのに必要な注意をしたとき	➡工作物の所有者 ※所有者の責任は無過失責任

工作物責任においては、一次的には占有者が責任を負担し（民法717条本文）、二次的に占有者が損害の発生を防止するのに必要な注意をしたときは、所有者が責任を負う（同法717条ただし書き）。

イ　適切

占有とは事実上支配をすることであり、土地の工作物責任では、瑕疵を修補して損害を防止する立場にあった人が占有者になる。管理業者が安全確保についての事実上の支配をしている場合には、占有者にあたり、工作物責任を負うことがありうる。

ウ　適切ではない

建物に建築基準法違反があることは工作物の瑕疵となり、この瑕疵によって他人に損害を生じたときには、建物の所有者や占有者は工作物責任を負う。建築基準法違反の建物が建築されたような場合には建設業者が損害賠償責任を負うことはありうるが、だからといって、建物の所有者や占有者の工作物責任は否定されない。

エ　適切

瑕疵は品質・性能において、本来の安全性を備えておらず、欠陥があることである。設置当初から欠陥がある場合に設置の瑕疵、設置当初は欠陥はなかったけれども、設置後の維持管理の過程において欠陥が生じた場合に保存の瑕疵となる。

適切なものの組合せは、イとエである。

原状回復ガイドライン❶

▶R03　問09　重要度A

「原状回復をめぐるトラブルとガイドライン（再改訂版）」（国土交通省平成23年８月。以下、各問において「原状回復ガイドライン」という。）に関する次の記述のうち、最も適切なものはどれか。

❶　賃貸借契約書に居室のクリーニング費用の負担に関する定めがない場合、借主が通常の清掃を怠ったことにより必要となる居室のクリーニング費用は貸主負担となる。

❷　賃貸借契約書に原状回復について経年劣化を考慮する旨の定めがない場合、借主が過失により毀損したクロスの交換費用は経過年数を考慮せず、全額借主負担となる。

❸　賃貸借契約書に原状回復費用は全て借主が負担する旨の定めがあれば、当然に、借主は通常損耗に当たる部分についても原状回復費用を負担しなければならない。

❹　賃貸借契約書に借主の帰責事由に基づく汚損を修復する費用について借主負担とする旨の定めがない場合であっても、借主がクロスに行った落書きを消すための費用は借主の負担となる。

❶　適切ではない

賃借人の故意・過失、善管注意義務違反、その他通常の使用を超えるような使用による損耗等は、賃借人の負担である。通常の清掃を実施していない場合の清掃費用相当分は賃借人負担となる。

❷　適切ではない

クロスの交換費用は、賃借人が過失によって毀損していた場合には、６年で残存価値１円となるような直線（または曲線）を想定し、負担割合を算定するものとされている。

❸　適切ではない

通常損耗の補修を賃借人負担とする特約については、❶特約の必要性があり、かつ、暴利的でないなどの客観的、合理的理由が存在する、❷賃借人が特約によって通常の原状回復義務を超えた修繕等の義務を負うことについて、認識している、❸賃借人が特約による義務負担の意思表示をしているという３つの要件をみたす場合に限って、効力が認められる。

❹　最も適切なので正解

賃借人の故意・過失、善管注意義務違反による損耗等は賃借人の負担になる。賃借人のクロス上の落書きを消すための費用は、賃借人負担である。

正解　❹

本問は、原状回復の頻出事項を集めた問題です。肢１は、原状回復の原則を問い、肢２は賃借人が補修費用を負担する場合の負担割合の問題のうちの代表事例をきいています。肢３の特約の効力も原状回復に関連して必ず理解をしておかなければならないものです。特約の考え方は最高裁で示されており、本肢で掲げられる３つの要件をみたす場合に限って特約が有効になります。この３つの要件は十分に理解をしておいてください。肢４の落書きは、令和５年問10でも題材とされていますし、令和４年問10でも落書きを扱う場合には、**経過年数を超えていても、継続して使用可能なものを賃借人が破損した場合**には、従来機能していた状態まで回復させるための修補費用は賃借人負担となる、という点が問題とされています。

令和3年度

原状回復ガイドライン❷

▶R03　問10　重要度A

原状回復ガイドラインに関する次の記述のうち、適切なものはどれか。

❶　壁クロスの毀損箇所が一部分であっても、他の面と色や模様を合わせないと商品価値が維持できない場合には、居室全体の張り替え費用は借主負担となる。

❷　フローリングの毀損箇所が一箇所のときは、居室全体の張り替え費用を借主の負担とすることはできない。

❸　畳の毀損箇所が１枚であっても、色合わせを行う場合は、居室全体の畳交換費用が借主負担となる。

❹　鍵の紛失に伴う鍵交換費用は、紛失した鍵の本数に応じた按分割合による額又は経過年数を考慮した額のいずれか低い額による。

要点　**賃借人の負担となる場合の各部位の施工単位**

カーペット、クッションフロア	●洗浄等で落ちない汚れ、キズの場合：１部屋単位 ●毀損等が複数箇所の場合：居室全体
フローリング	●最低㎡単位 ●毀損等が複数箇所の場合：居室全体
建具（襖、柱など）	●襖：最低１枚単位、柱：最低１本単位（襖の色合わせを行う場合は当該面または居室全体の枚数） ●襖紙、障子紙は消耗品なので、その全部

❶　適切ではない

壁（クロス）の毀損については、㎡単位が望ましいが、賃借人が毀損させた箇所を含む一面分までは張替費用を賃借人負担としてもやむをえないとされている。居室全体の張り替えを賃借人負担とすることは認められていない。部屋全体のクロスの色や模様が一致していないからといって、賃貸借の目的物となり得ないというものではないと考えられている。

❷　適切なので正解

フローリングについては、原則㎡単位、毀損等が複数箇所にわたる場合はその居室全体とされている。毀損箇所が１箇所の場合には居室全体の張り替えは認められていない。

❸　適切ではない

畳については、原則１枚単位、毀損等が複数枚にわたる場合は、その枚数とされている。補修方法が裏返しか表替えかは毀損の程度による。居室全体の畳交換を賃借人負担とすることは認められていない。

❹　適切ではない

紛失の場合の鍵交換は、シリンダーの交換まで含めて、全額が賃借人負担となる。紛失した本数に応じた按分割合や経過年数は考慮されない。

正解　❷

防　犯

▶R03　問11　重要度A

「防犯に配慮した共同住宅に係る設計指針」（国土交通省住宅局平成13年３月23日策定）において、新築される共同住宅に防犯上必要とされる事項に関する次の記述のうち、最も不適切なものはどれか。

❶　エレベーターのかご内には、防犯カメラを設置するものとされている。

❷　住戸の玄関扉について、ピッキングが困難な構造を有する錠の設置までは不要とされている。

❸　接地階に存する住戸の窓で、バルコニー等に面するもの以外のものは、面格子の設置等の侵入防止に有効な措置を行うものとされている。

❹　共用玄関の照明設備の照度は、その内側の床面においては概ね50ルクス以上とされている。

要点　区域ごとの照度

共用出入	・共用玄関は、50ルクス以上 ・共用玄関以外の共用出入口は、20ルクス以上
共用メールコーナー	・50ルクス以上
エレベーターホール	・50ルクス以上
エレベーターかご内	・50ルクス以上
共用廊下・共用階段	・20ルクス以上
駐車場・自転車置場・オートバイ置場・歩道・車道等の通路・児童遊園、広場または緑地等	・３ルクス以上

❶　適切

防犯上必要とされる事項として、エレベーターのかご内には、防犯カメラを設置するものとされている。ほかにエレベーターのかご内で必要とされているのは、非常時、押しボタン等によりかご内から外部に連絡または吹鳴する装置の設置、かごおよび昇降路の出入口の扉は、外部からかご内を見通せる窓の設置、50ルクス以上の照明設備である。

❷　最も不適切なので正解

住戸の玄関扉については、ピッキングが困難な構造の錠の設置が必要とされている。ほかに住戸の玄関扉について必要とされているのは、破壊が困難な材質、こじ開け防止に有効な措置、補助錠の設置、ドアスコープ等およびドアチェーン等の設置である。

❸　適切

接地階に存する住戸の窓であって、バルコニー等に面するもの以外のものについては、面格子の設置等が必要とされている。このほかには、侵入が想定される階でバルコニー等に面する住戸の窓には、錠付きクレセント、補助錠の設置等侵入防止に有効な措置を講じ、また避難計画等に支障のない範囲の窓は、破壊困難なガラス材質にするものとされている。

❹　適切

共用玄関については、照度は50ルクス以上とされている。ほかに、共用の出入口に関しては、周囲からの見通しの確保が必要とされ、共用玄関以外の共用出入口の照度は20ルクス以上にするものとされている。

正解　❷

住宅の居室

▶R03　問12　重要度A

住宅の居室に関する次の記述のうち、誤っているものはどれか。

❶　住宅の居室とは、人が長時間いる場所のことであり、居間や寝室等が該当し、便所は除かれる。

❷　住宅の居室には、原則として、床面積の20分の１以上の換気に有効な開口部が必要である。

❸　襖等常に解放できるもので間仕切られた２つの居室は、換気に関し、１室とみなすことはできない。

❹　共同住宅では、その階における居室の床面積の合計が100平方メートル（耐火、準耐火構造の場合は200平方メートル）を超える場合は、避難するための直通階段を２つ以上設けなければならない。

要点　居室

居室	●居室とは、❶居住、執務、作業、集会、娯楽その他これらに類する目的のために継続的に使用する室であり、❷便所は居室ではない ●**ふすま、障子など常に開放できるもので仕切られた２つの居室は１室となされる** ●採光規定、内装制限、換気規定、シックハウス対策、天井高、防火区画、避難規定など、建築基準法に基づく最低限のルールが定められている

❶ 正しい

居室とは、居住、執務、作業、集会、娯楽その他これらに類する目的のために継続的に使用する室をいう（建築基準法２条４号）。便所は居室ではない。

❷ 正しい

居室には換気のための窓その他の開口部を設け、その換気に有効な部分の面積は、その居室の床面積に対して、20分の１以上としなければならない。なお、政令で定める技術的基準に従って換気設備を設けた場合においては、この限りでないとされている（建築基準法28条２項）。

❸ 誤っているので正解

換気のための開口部設置の定めに関しては、ふすま、障子その他随時開放することができるもので仕切られた二室は、換気などの規定の適用については、一室とみなされる（建築基準法28条４項）。

❹ 正しい

共同住宅では、その階における居室の床面積の合計が100㎡を超える（耐火構造・準耐火構造の場合は200㎡）場合は、その階から避難するための直通階段を２つ以上設けなければならない（建築基準法施行令120条）。

正解 

居住のための居室では、**床面積の１/７以上の採光に有効な開口部**が必要です。ただし、有効な照明設備の設置など、採光を確保する措置がとられている場合は、**１/10までの範囲で緩和**することが認められます。

耐震改修

▶R03　問13　重要度A

問13 賃貸住宅の耐震改修方法に関する次の記述のうち、最も不適切なものはどれか。

❶　木造において、基礎と土台、柱と梁を金物で緊結して補強する。

❷　木造において、壁や開口部を構造パネルや筋かい等で補強する。

❸　木造において、地震力を吸収する制震装置（ダンパー）を取り付けても効果がない。

❹　鉄筋コンクリート造において、耐震壁や筋かいを増設する。

❶ 適切

木造（軽量鉄骨造）の場合、耐震改修の方法として、基礎と土台、柱と梁を金物で緊結して補強することが考えられる。

❷ 適切

木造（軽量鉄骨造）の場合、耐震改修の方法として、既存壁を構造パネルなどで補強すること、開口部を筋かい等で補強することが考えられる。

❸ 最も不適切なので正解

耐震改修の方法として、地震力を吸収する制震装置（ダンパー）を取り付けることは、木造（軽量鉄骨造）の場合であっても効果があると考えられる。

❹ 適切

鉄筋コンクリート造の場合、耐震改修の方法として、鉄筋コンクリートの耐震壁、筋かい（鉄骨ブレース）を増設することが考えられる。

正解 ❸

修繕履歴情報

▶R03　問14　重要度A

修繕履歴情報に関する次の記述のうち、最も不適切なものはどれか。

❶　建物の履歴情報の利用によっては、建物の維持保全にかかる費用の無駄を省くことはできない。

❷　賃貸借契約締結等の判断材料となり得る履歴情報が、賃貸借の意思決定時に適切に提供されることにより、入居後のトラブル防止にもつながる。

❸　正確な履歴情報を利用することにより、災害が発生した際の復旧に迅速かつ適切な対応をとることが可能となる。

❹　建物の履歴情報は、建物の所有者に帰属するものであるが、所有者から管理委託を受けている者が、必要に応じて利用に供することが考えられる。

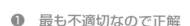

❶ 最も不適切なので正解

無駄や無理のない日常管理や計画修繕のためには、現状を客観的に把握することが前提となるのであって、建物の履歴情報の利用によって、費用の無駄を省くことができる。

❷ 適切

賃貸借契約締結等の判断材料となり得る履歴情報が、賃貸借の意思決定時に適切に提供され、透明性が高まることで、入居後のトラブル防止にもつながり、安心して貸借することが可能となる。

❸ 適切

正確な住宅履歴情報を利用することにより、災害が発生した際の復旧に迅速かつ適切な対応を行うことが可能となる。

❹ 適切

新築や維持管理において発生する建物の履歴情報は、建物に附随するものとして、建物所有者に帰属するものであるが、蓄積と利用の実効性を確保するためには所有者から管理委託を受けている管理受託者が保管し、必要に応じて利用するべきである。

正解 ❶

建築基準法による調査報告

▶R03　問15　重要度A

建物の維持保全に関する次の記述のうち、正しいものはどれか。

❶　建築基準法第８条は、「建築物の敷地、構造及び建築設備を常時適法な状態に維持するように努めなければならない」と規定しているが、これは建物管理者にも課せられた義務である。

❷　集合賃貸住宅は、建築基準法第12条による定期調査・検査報告の対象とはならない。

❸　建築基準法第12条により特定建築物において義務付けられる定期調査・検査報告は、建物の構造を対象とするものであり、敷地は対象とならない。

❹　建築基準法第12条により特定建築物において義務付けられる定期調査・検査報告の対象には、昇降機は含まれない。

❶ 正しいので正解

建築物の所有者、管理者または占有者は、その建築物の敷地、構造及び建築設備を常時適法な状態に維持するように努めなければならない（建築基準法８条）。建物管理者にも維持保全の義務が課される。

❷ 誤り

集合賃貸住宅も定期調査・定期検査の対象となる（建築基準法12条）。対象となる共同住宅は、一般的には地階あるいは地上３階以上の階にその用途に供する部分が200㎡を超えて存在する建物、またはその用途に供する部分の床面積の合計が300㎡以上の建物である（建築基準法施行令16条。地方自治体により基準は多少異なる）。

❸ 誤り

建築物の構造および建築設備に加え、建造物の敷地についても、定期調査・定期検査の対象となる（建築基準法12条１項）。

❹ 誤り

昇降機および特定建築物の昇降機以外の建築設備等を特定建築設備等という。特定建築設備等は定期調査・定期検査の対象となる（建築基準法12条３項）。

正解 

建築基準法12条は、建築物の所有者・管理者に定期調査・検査報告を義務づけている。定期調査・検査報告の義務は賃貸住宅でくらす人々の安全性を確保するための重要な仕組みであり、**賃貸住宅が共同住宅である場合**にも、**定期調査・報告の対象である特定建築物**に該当する。賃貸不動産経営管理士にとっても知っておくべき基本知識であることから、令和３年に本問で問われただけではなく、２年連続して令和４年問９でも出題されている。

屋上・外壁の管理

▶R03　問16　重要度A

屋上と外壁の管理に関する次の記述のうち、正しいものはどれか。

❶　陸屋根では、土砂や落ち葉、ゴミ等が排水口をふさいでしまうと、屋上に雨水が溜まり、防水の性能に影響を与え、漏水の原因にもなる。

❷　傾斜屋根（カラーベスト等）は、夏の温度上昇、冬の温度低下の繰り返しにより、素地自体の変形やゆがみ等を起こすことがあるが、雨漏れの要因とはならない。

❸　コンクリート打ち放しの外壁は、鉄筋発錆に伴う爆裂を点検する必要はない。

❹　タイル張り外壁の定期調査方法で、接着剤張り工法以外は、劣化等によりタイルが剥離するおそれがあるので、原則竣工後10年ごとに全面打診等の調査を行わなければならない。

要点　外壁の種類

(1)　**サイディング**	壁材に板状のパネルを貼り付けた外壁 ●**壁材**：木・コンクリート ●**パネルの素材**（外装材）：アルミ、スチール、セメントなど
(2)　**タイル**	壁材の表面にタイルを張り付けた外壁 ●**壁材**：木・コンクリート ●**工法**：アルミ下地に乾式タイルを張り付ける場合もある
(3)　**モルタル塗り**	壁材の表面にモルタルを塗り、表面に吹付け材等の塗装を施した外壁 ●**壁材**：木・コンクリート
(4)　**コンクリート打ち放し**	外壁の上にモルタルを塗らずに仕上げた外壁耐水性等の向上のため、撥水剤を塗装する必要がある ●**壁材**：コンクリート

❶ 正しいので正解

陸屋根は平坦な躯体部（スラブ）に防水を施して水勾配、排水溝、排水管を設けて雨水を排水する屋根である。風で運ばれた土砂が堆積したり、落ち葉やゴミが樋や排水口（ルーフドレイン）をふさいだりすると屋上の防水面を破損しかねず、漏水の原因にもなる。

❷ 誤り

カラーベスト等傾斜屋根では、屋根表面にコケ・カビ等が発生したり、塗膜の劣化による色あせ・錆など美観の低下、さらに夏場日差しによる表面温度の上昇、冬場の気温低下による表面温度の低下などを繰り返すことにより、素地自体が変形、ゆがみなどを起こし、割れや雨漏りなどが発生する場合がある。

❸ 誤り

コンクリート打ち放しの外壁では、コンクリート自体の塩害・中性化・凍害・鉄筋発錆に伴う爆裂などが発生する可能性があるので点検が必要である。

❹ 誤り

タイル張りの外壁では原則竣工後10年ごとに全面打診または赤外線調査などの方法による調査、診断を行わなければならない。

正解 ❶

長期修繕計画・計画修繕

▶R03　問17　重要度A

建物の修繕に関する次の記述のうち、最も不適切なものはどれか。

❶　建物は時間の経過とともに劣化するので、長期修繕計画を策定し、維持管理コストを試算することは有益である一方、その費用は不確定なことから賃貸経営の中に見込むことはできない。

❷　長期修繕計画は、数年に一度は見直しを行うことにより、適切な実施時期を確定することが必要である。

❸　長期修繕計画によって修繕費とその支払時期が明確になることから、将来に備えて計画的な資金の積立てが必要となる。

❹　計画修繕を実施することで、住環境の性能が維持でき、入居率や家賃水準の確保につながり、賃貸不動産の安定的経営を実現できる。

❶ 最も不適切なので正解

長期的な視野に立ち、いつ・どこを・どのように・いくらぐらいで修繕するのかをまとめたものを、長期修繕計画という。長期修繕計画を策定して維持管理コストを試算し、維持管理費用を賃貸経営の中に見込まなければならない。

❷ 適切

長期修繕計画については、その精度を高めるために、実際にその建物で行われた工事を反映したり、類似事例を参考にして、数年ごとに内容の見直しを行うべきである。

❸ 適切

計画修繕を着実に実施していくためには、資金的な裏づけを得ることが必要である。将来の修繕実施のために計画的に資金を積み立てるべきである。

❹ 適切

中・長期的に考えれば、修繕計画による的確な修繕の実施により、賃借人の建物に対する好感度が上がり、結果的に入居率が上がり、賃貸経営の収支上プラスに働くと考えられる。

正解 ❶

給水設備

▶R03　問18　重要度A

問18 給水設備・給湯設備に関する次の記述のうち、最も不適切なものはどれか。

❶　水道直結方式のうち直結増圧方式は、水道本管から分岐して引き込んだ上水を増圧給水ポンプで各住居へ直接給水する方式である。

❷　さや管ヘッダー方式は、台所と浴室等、同時に2か所以上で使用しても水量や水圧の変動が少ない。

❸　受水槽の天井、底又は周壁は、建物の躯体と兼用することができる。

❹　ガス給湯機に表示される号数は、1分間に現状の水温＋25℃のお湯をどれだけの量（リットル）を出すことができるかを表した数値である。

要点 給水方式

方式・特徴	概念図
直結直圧方式 ●水道水が末端の水栓まで直結で給水される方式	止水栓 量水器 水道本管
直結増圧方式 ●水道水を増圧給水ポンプで加圧して直接給水する方式	増圧ポンプ
高置（高架）水槽方式 ●水道水をいったん受水槽に貯め、これをポンプで屋上や塔屋等に設置した高置水槽に汲み上げてのち、自然流下で給水する方式	高置水槽 受水槽 揚水ポンプ

❶ 適切

給水方式には、水道本管から分岐した給水管により各住戸へ直接給水する水道直結方式と、分岐した給水管からいったん水槽に受けてから各住戸へ給水する受水槽方式（または貯水槽方式）がある。直結増圧方式は、水道直結方式のうち、水道本管から分岐して引き込んだ上水を増圧給水ポンプで各住戸へ直接給水する方式である。

❷ 適切

さや管ヘッダー方式は、洗面所等の水回り部に設置されたヘッダーから管をタコ足状に分配し、各水栓等の器具に単独接続する方式である。同時に２か所以上で使用しても水量や水圧の変動が少ないのはさや管ヘッダー方式の長所である。

❸ 最も不適切なので正解

飲料用水槽については、給水タンク等の天井、底または周壁は、建物の躯体と兼用してはならない（六面点検）（1975（昭和50）年建設省告示第1597号第１第２号）。水槽内の水が汚染を調査できるようにするためである。

❹ 適切

ガス給湯機の供給出湯能力は号数で表される。表示される号は、現状の水温に25℃温かくしたお湯をプラスして１分間に１L出せる能力を示す。32号、24号、20号、16号、10号、10号以下に分かれている。

正解 ❸

換気設備

▶R03　問19　重要度B

換気設備に関する次の記述のうち、誤っているものはどれか。

❶　自然換気は、室内と室外の温度差による対流や風圧等の自然条件を利用した方式である。

❷　給気・排気ともに機械換気とする方式は、機械室、電気室等に採用される。

❸　給気のみ機械換気とする方式は、室内が負圧になるため、他の部屋へ汚染空気が入らない。

❹　新築建物は、ごく一部の例外を除いて、シックハウスの原因となる揮発性有機化合物の除去対策として24時間稼働する機械換気設備の設置が義務づけられている。

❶ 正しい

自然換気は室内と室外の温度差による対流や風圧等、自然の条件を利用した換気方式である。換気扇が不要なので、換気扇の騒音もなく、経済的ではあるが、自然条件が相手なので安定した換気量や換気圧力は期待できない。

❷ 正しい

給気、排気ともに機械換気による方式を第１種換気という。第１種換気は、セントラル空調方式の住宅、機械室、電気室等に用いられる。

❸ 誤っているので正解

給気のみ機械換気とする方式を第２種換気という。室内は負圧ではなく、正圧になる。そのために、他の部屋に汚れた空気が入りこんでしまうおそれがある。室内へ清浄な空気を供給する必要がある場合で、製造工場など限られた建物で使用される。

❹ 正しい

新築建物はごく一部の例外を除いて、24時間稼働する機械換気設備の設置が建築基準法により義務づけられている（建築基準法施行令20条の８、居室を有する建築物の換気設備についてのホルムアルデヒドに関する技術的基準）。

正解　❸

敷　金

▶R03　問20　重要度A

敷金に関する次の記述のうち、最も適切なものはどれか。

❶　貸主は、建物明渡し後でなければ、敷金を未払賃料に充当することができない。

❷　敷金は、賃貸借契約上の債務を担保するための金銭であるから、貸主との合意があっても賃貸借契約の締結後に預け入れることができない。

❸　貸主が建物を借主に引き渡した後、第三者に当該建物を売却し、所有権移転登記を完了した場合、特段の事情がない限り、敷金に関する権利義務は当然に当該第三者に承継される。

❹　賃貸借契約が終了し、建物が明け渡された後、借主が行方不明となったことにより、借主に対し敷金の充当の通知ができない場合、貸主は敷金を未払賃料や原状回復費用に充当することができない。

❶　適切ではない

賃貸人は、賃借人が債務を履行しないときは、敷金をその債務の弁済に充てることができる（民法622条の２第２項前段）。賃貸人は、建物明渡しの前でも、敷金を未払賃料に充当することができる。

❷　適切ではない

敷金を預け入れる敷金契約は、賃貸借契約とは別の契約である。預入れの時期は賃貸人と賃借人の合意によって決められるのであり、賃貸借契約の締結後に預け入れてもよい。

❸　最も適切なので正解

賃借人が賃貸借の対抗要件を備えた場合において、不動産が譲渡されたときは、不動産の譲渡人および譲受人が、賃貸人たる地位を譲渡人に留保する旨およびその不動産を譲受人が譲渡人に賃貸する旨の合意をしたときを除き、その不動産の賃貸人たる地位は、その譲受人に移転する（民法605条の２第１項、同条２項前段）。

❹　適切ではない

賃貸借が終了し、かつ、賃貸物の返還を受けたときに賃借人に未払賃料があれば、当然に敷金に充当される（民法622条の２第１項）。本肢では明渡しが完了しており、賃借人への通知を問題にすることなく、未払賃料は当然充当される。

賃料増減請求

▶R03　問21　重要度A

賃料増減請求に関する次の記述のうち、適切なものの組合せはどれか。

ア　賃料増減請求は、請求権を行使した時ではなく、客観的に賃料が不相当となった時に遡って効力を生ずる。

イ　賃料改定を協議により行うとする特約が定められている場合であっても、賃料増減請求を行うことができる。

ウ　借主が賃料減額請求を行ったが、協議が調わない場合、減額を正当とする裁判が確定するまでの間、借主は減額された賃料を支払えば足り、貸主は従前の賃料を請求することができない。

エ　賃料改定については、合意が成立しなければ、訴訟によって裁判所の判断を求めることになるが、原則として、訴訟提起の前に調停を申し立てなければならない。

❶　ア、イ
❷　ア、ウ
❸　イ、エ
❹　ウ、エ

ア　適切ではない

建物の借賃が不相当となったときは、契約の条件にかかわらず、当事者は、将来に向かって建物の借賃の額の増減を請求することができる（借地借家法32条１項本文）。請求権行使の効果は請求権を行使したとき（通知が到達したとき）に生じる。

イ　適切

協議条項が定められている場合であっても、賃料増減請求権の行使は否定されない（最判昭56.４.20判時1002号83頁）。

ウ　適切ではない

建物の借賃の減額について当事者間に協議が調わないときは、賃貸人は、減額を正当とする裁判が確定するまでは、相当と認める額の建物の借賃の支払を請求することができる（借地借家法32条３項）。賃借人は、裁判確定までは、賃貸人の請求に応じて賃料を支払わなければならない。

エ　適切

賃料増減請求権を行使し、その後合意が成立しなかったために訴えを提起しようとする者は、まず調停の申立てをしなければならない（調停前置主義）。調停の申立てをすることなく訴えを提起した場合には、事件は調停に付される（民事調停法24条の２第１項・２項本文）。

適切なものの組合せは、イとエである。

正解 ❸

賃料回収・明渡し

▶R03　問22　重要度A

賃料回収及び明渡しに向けた業務に関する次の記述のうち、不適切なものの組合せはどれか。

ア　明渡しを命じる判決が確定すれば、貸主は、強制執行によることなく、居室内に立ち入り、残置物を処分することができる。

イ　貸主は、契約解除後、借主が任意に明け渡すことを承諾している場合、明渡し期限後の残置物の所有権の放棄を内容とする念書を取得すれば、借主が退去した後に残置物があったとしても自らこれを処分することができる。

ウ　貸主は、借主の未払賃料について、支払を命じる判決が確定しなければ、賃料債務の有無及び額が確定しないため、敷金を充当することができない。

エ　貸主は、賃貸借契約書を公正証書で作成した場合であっても、建物の明渡しの強制執行をするためには、訴訟を提起して判決を得なければならない。

❶　ア、イ
❷　ア、ウ
❸　イ、エ
❹　ウ、エ

権利を実現するための裁判所の正当な手続を経ずに、自らが実力を行使して権利を実現しようとすることは、自力救済であり、違法行為である。判決確定後にも賃借人が任意に残置物の処分をしない場合には、残置物処分のための強制執行の手続きをとらなければならない。強制執行によることなく、居室内に立ち入り、残置物を処分することはできない。

イ　適切

賃借人が任意の明渡しを承諾している場合において残置物の所有権放棄を了承していれば、賃貸人は、賃借人の明渡し後に賃借人が所有権放棄を了承した残置物を処分することができる。

ウ　不適切

賃貸人は、賃借人が債務を履行しないときは、敷金をその債務の弁済に充てることができる（民法622条の２第２項前段）。賃借人の未払賃料の支払いを命じる判決が確定していなくても、未払賃料は敷金から差し引かれる。

エ　適切

明渡しの強制執行を行うためには、賃貸人に明渡しの権利があることを認める債務名義が必要である。賃貸借契約の公正証書は明渡しのための債務名義にはならない。明渡しの強制執行のためには、訴えを提起して、判決を得る必要がある。

不適切なものの組合せは、アとウである。

賃貸住宅標準契約書

▶R03　問23　重要度C

賃貸住宅標準契約書（国土交通省住宅局平成30年３月公表）に関する次の記述のうち、正しいものはどれか。

❶　賃貸住宅標準契約書では、建物賃貸借の目的を「住居」と「事務所」に限定している。

❷　賃貸住宅標準契約書では、更新料の支払に関する定めはない。

❸　賃貸住宅標準契約書では、賃料は、建物の使用対価のみを指し、敷地の使用対価は含まないものとされている。

❹　賃貸住宅標準契約書では、共用部分にかかる水道光熱費等の維持管理費用は、貸主が負担するものとされている。

❶　誤り

賃貸住宅標準契約書には、物件の使用目的として、居住のみを目的として本物件を使用しなければならないと定められている（賃貸住宅標準契約書３条）。使用目的は住居だけに限定されている。

❷　正しいので正解

賃貸住宅標準契約書には、更新料の支払いに関する規定は設けられていない。更新料を支払うものとするかどうかは、地域によって異なっていることが配慮されている。

❸　誤り

賃貸住宅の賃料は、一般に建物だけではなく、その敷地についての使用の対価としての性格を有している。

❹　誤り

賃貸住宅標準契約書では、賃借人は、階段、廊下等の共用部分の維持管理に必要な光熱費、上下水道使用料、清掃費等（維持管理費）に充てるため、共益費を賃貸人に支払うものとされている（賃貸住宅標準契約書５条１項）。賃貸住宅標準契約書は、共用部分の水道光熱費等の維持管理費用は、賃借人が負担するという考え方に立っている。

正解　❷

借主の死亡

▶R03　問24　重要度Ａ

Ａを貸主、Ｂを借主とする建物賃貸借契約においてＢが死亡した場合に関する次の記述のうち、最も適切なものはどれか。ただし、それぞれの選択肢に記載のない事実及び特約はないものとする。

❶　Ｂの内縁の妻Ｃは、Ｂとともに賃貸住宅に居住してきたが、Ｂの死亡後（Ｂには相続人が存在するものとする。）、Ａから明渡しを求められた場合、明渡しを拒むことができない。

❷　Ｂの内縁の妻Ｃは、Ｂとともに賃貸住宅に居住してきたが、Ｂの死亡後（Ｂには相続人が存在しないものとする。）、Ａから明渡しを求められた場合、明渡しを拒むことができない。

❸　Ａが地方公共団体の場合で、賃貸住宅が公営住宅（公営住宅法第２条第２号）であるときに、Ｂが死亡しても、その相続人は当然に使用権を相続によって承継することにはならない。

❹　Ｂが死亡し、相続人がいない場合、賃借権は当然に消滅する。

要点　当事者の死亡

	貸主の死亡	借主の死亡
賃貸借	賃貸借は継続 （賃貸人の地位が相続人に承継）	賃貸借は継続 （賃借人の地位が相続人に承継）
使用貸借	使用貸借は継続 （貸主の地位が相続人に承継）	使用貸借は終了 （ただし、特約があれば継続）

❶ 適切ではない

賃借人死亡後に賃貸人が内縁の配偶者に賃貸住宅の立退きを求めたときには、賃借人に相続人がいれば、内縁の配偶者は、相続人の権利を援用して、立退きを拒むことができる（最判昭42.２.21判タ205号87頁）。

❷ 適切ではない

借地借家法には、「居住の用に供する建物の賃借人が相続人なしに死亡した場合において、その当時婚姻又は縁組の届出をしていないが、建物の賃借人と事実上夫婦又は養親子と同様の関係にあった同居者があるときは、その同居者は、建物の賃借人の権利義務を承継する」と定められている（同法36条１項本文）。内縁の妻Ｃは、借主Ｂを承継して賃貸借上の権利を主張できるから、Ａから明渡しを求められても、明渡しを拒むことができる。

❸ 最も適切なので正解

公営住宅の使用者が死亡した場合、使用者に相続人がいても、相続人は、当然に使用権を承継するものではない（最判平２.10.18民集44巻７号1021頁）。公営住宅法では、相続人などの同居の親族が使用を継続するためには事業主体の承認が必要とされている（公営住宅法27条５項）。

❹ 適切ではない

賃借人が死亡したときに賃借人に相続人がいなくても、賃貸借契約は終了しない。賃借権は相続財産となり、相続財産管理人がその管理をすることになる（民法952条）。

正解 ❸

必要費・有益費・造作買取

▶R03　問25　重要度A

建物賃貸借契約における必要費償還請求権、有益費償還請求権及び造作買取請求権に関する次の記述のうち、適切なものの組合せはどれか。

ア　賃貸物件に係る必要費償還請求権を排除する旨の特約は有効である。

イ　借主が賃貸物件の雨漏りを修繕する費用を負担し、貸主に請求したにもかかわらず、貸主が支払わない場合、借主は賃貸借契約終了後も貸主が支払をするまで建物の明渡しを拒むことができ、明渡しまでの賃料相当損害金を負担する必要もない。

ウ　借主が賃貸物件の汲取式トイレを水洗化し、その後賃貸借契約が終了した場合、借主は有益費償還請求権として、水洗化に要した費用と水洗化による賃貸物件の価値増加額のいずれか一方を選択して、貸主に請求することができる。

エ　借主が賃貸物件に空調設備を設置し、賃貸借契約終了時に造作買取請求権を行使した場合、貸主が造作の代金を支払わないときであっても、借主は賃貸物件の明渡しを拒むことができない。

❶　ア、イ
❷　イ、ウ
❸　ウ、エ
❹　ア、エ

ア　適切

賃借人が必要費を支出した場合、賃貸人はこれを支払う義務があるが（民法608条１項）、賃貸人・賃借人間の合意によって、必要費を賃借人の負担として、賃貸人に対して必要費を請求しないものと契約上定めることも可能である。

イ　適切ではない

雨漏りを修繕する費用は必要費である。賃借人は必要費である修理費用が支払われるまで建物の返還を拒絶できる（民法295条）。しかし、明渡しを拒めるとしても、無償で賃貸物件を使用できるわけではなく、明渡しがなされるまでの賃料相当額の支払義務を負う。

ウ　適切ではない

汲取式トイレを水洗化した費用は有益費である。有益費については、契約終了時に物件の価格の増加が現存する場合に、賃貸人には支出した費用または増加額の償還義務があるが（民法196条２項、608条２項）、いずれの金額を支払うかは、賃借人ではなく、賃貸人が選択をすることができる（どちらか低額の支払い義務を負うことになる）。

エ　適切

造作買取請求権が行使された場合には賃貸人は、売買代金支払義務を負う。賃借人は代金が支払われるまで造作の引渡しを拒むことができる。しかし、引渡しを拒むことができるのは造作であり、建物の引渡しを拒むことはできない（最判昭29.１.14判タ38号51頁）。

適切なものの組合せは、アとエである。

正解　④

必要費償還、有益費償還、造作買取という３つの仕組みは、賃貸借契約における賃貸人の責任を理解するうえで、必ず理解をしておくべきテーマです。本試験でも令和元年問16、令和３年本問、令和５年問23で問われています。具体的にみると、雨漏りを修繕する費用が必要費の、汲取式トイレを水洗化が有益費の、空調設備が造作の、それぞれ代表的事例です。どの費用も原則としては賃貸人の負担ですが、肢１のように特約により賃借人の負担としたり、あるいは造作買取請求権を特約で排除することも認められます。これらの問題は賃貸借に関するさまざまな試験問題で繰り返し問われているところですし、本試験においても、将来再び問われることになるものです。

定期建物賃貸借

▶R03　問26　重要度A

定期建物賃貸借契約に関する次の記述のうち、正しいものはどれか。

❶　中途解約特約のある定期建物賃貸借契約において、貸主は契約期間中であっても、正当事由を具備することなく契約を解約することができる。

❷　定期建物賃貸借契約書は、同契約を締結する際に義務付けられる事前説明の書面を兼ねることができる。

❸　賃貸借の媒介業者が宅地建物取引業法第35条に定める重要事項説明を行う場合、定期建物賃貸借契約であることの事前説明の書面は不要である。

❹　定期建物賃貸借契約において、賃料減額請求権を行使しない旨の特約は有効である。

要点　定期建物賃貸借の成立等

- 定期建物賃貸借＝更新のない契約
- 合意によっても更新することはできない

要点　成立要件等

書面が必要	書面がなければ、普通建物賃貸借契約になる ※公正証書でなくてもよい
事前説明	契約成立前に、書面で、更新がない旨の事前説明が必要 ※事前説明の書面は、契約書とは別の独立した書面であることを要する
契約期間	上限・下限ともに制約はない。１年未満とする定めも可 ※普通建物賃貸借では、上限なし・１年未満は期間の定めのないものになる ※借地借家法の適用がない賃貸借では、下限なし・上限が50年

❶ 誤り

賃貸借契約において賃貸人に期間内解約をする権利が認められている場合であっても、賃貸人の期間内解約の申入れが効力を生じるためには、解約申入れについて正当事由が必要である。

❷ 誤り

賃貸人は、契約前にあらかじめ、賃借人に対し、更新がなく期間の満了により終了することについて、書面によって説明をしなければならない（借地借家法38条２項）。説明のための書面は契約書とは別個の書面が必要である（最判平24.９.13民集66巻９号3263頁）。

❸ 誤り

宅建業者が宅建業法に基づく重要事項説明を行ったとしても、借地借家法上の定期建物賃貸借契約成立のための書面による賃貸人の事前説明は必要である。

❹ 正しいので正解

定期建物賃貸借においては、賃料増額請求をしない特約と賃料減額請求をしない特約のいずれも有効である（借地借家法38条７項。普通建物賃貸借では、不減額特約は無効）。

正解 ❹

保　証

▶R03　問27　重要度A

Ａを貸主、Ｂを借主とする建物賃貸借においてＣを連帯保証人とする保証契約に関する次の記述のうち、誤っているものの組合せはどれか。ただし、それぞれの選択肢に記載のない事実はないものとする。

ア　Ｂが賃料の支払を怠ったので、ＡがＣに対して保証債務履行請求権を行使した場合、Ｃは、Ｂには弁済する資力があり、かつその執行が容易である旨を証明すれば、ＡがＢの財産について執行を行わない間は保証債務の履行を免れる。

イ　Ａの賃料債権を被担保債権とする抵当権がＤ所有の甲不動産に設定されていた場合、Ｄの負う責任は甲不動産の範囲に限られるところ、Ｃの負う責任はＣの全財産に及ぶ。

ウ　Ｃが自然人ではなく法人の場合は、極度額を書面で定めなくてもよい。

エ　Ｂの賃借人の地位がＡの承諾の下、第三者に移転した場合、Ｃが引き続き連帯保証債務を負担することを「保証の随伴性」という。

❶　ア、イ
❷　イ、ウ
❸　ウ、エ
❹　ア、エ

ア　誤り

一般の保証人には、検索の抗弁権があるが、連帯保証の場合には保証人は検索の抗弁権を有しない（民法453条、454条）。

イ　正しい

保証人は、自己のすべての財産をもって債務実現のための責任を果たさなければならない。

ウ　正しい

個人根保証契約は極度額を定めなければ、その効力を生じないが（民法465条の2第2項）、保証人が、個人ではなく法人である場合には、極度額を定めない根保証契約も有効である。

エ　誤り

随伴性とは、主たる債務の債権者に変更が生じた場合、保証債務も債権者の変更に伴って新債権者に移転することである。保証債務は随伴性を有する。債務者が変更する場面は随伴性が問題とされる場面ではない。債務者が変更した場合には、従前の保証の効力は新債務者の債務には及ばない。

誤っているものの組合せは、アとエである。

要点　保証契約の特質

❶附従性	成立	主債務が存在しない限り、保証は成立しない
	消滅	主債務が消滅すれば、保証は消滅する
	内容	主債務よりも内容が重くなることはない
❷随伴性	貸主の地位が移転しても、新貸主との関係で保証債務を負う	
❸補充性	催告の抗弁権	主債務者に対して先に請求するよう求める権利
	検索の抗弁権	主債務者に対して先に執行するよう求める権利
	※連帯保証では、2つの抗弁権はない	

賃貸住宅の所有権の移転

▶R03　問28　重要度A

Aを貸主、Bを借主とする賃貸住宅（以下、「甲建物」という。）の所有権がCに移転した場合に関する次の記述のうち、誤っているものはどれか。ただし、それぞれの選択肢に記載のない事実はないものとする。

❶　Aが甲建物を譲渡する前にBがAから引渡しを受けていれば、賃貸人たる地位はCに移転する。

❷　Aが甲建物を譲渡する前にBがAから引渡しを受けている場合に、AC間で賃貸人の地位をAに留保し、かつCがAに甲建物を賃貸する旨の合意をすれば、Bの承諾がなくても、賃貸人の地位はAに留保される。

❸　Aが甲建物を譲渡する前にBがAから引渡しを受けている場合に、所有権移転登記を経由していないCから甲建物の賃料の支払を求められても、Bは支払を拒むことができる。

❹　Aが甲建物を譲渡する前にBがAから引渡しを受けておらず、かつ賃貸借の登記も経由していない場合に、AC間で賃貸人の地位を移転することにつき合意しても、Bの承諾がなければ、賃貸人の地位はCに移転しない。

❶ 正しい

建物の賃貸借では、引渡しを受ければ対抗要件が備わる（借地借家法31条）。賃借人が賃貸借の対抗要件を備えた場合において、その不動産が譲渡されたときは、その不動産の賃貸人たる地位は、その譲受人に移転する（民法605条の２第１項）。

❷ 正しい

不動産の譲渡人及び譲受人が、賃貸人たる地位を譲渡人に留保する旨及びその不動産を譲受人が譲渡人に賃貸する旨の合意をしたときは、賃貸人たる地位は、譲受人に移転しない（民法605条の２第２項前段）。

❸ 正しい

賃貸人たる地位の移転は、賃貸物である不動産について所有権の移転の登記をしなければ、賃借人に対抗することができない（民法605条の２第３項前段）。

❹ 誤り

不動産の譲渡人が賃貸人であるときは、その賃貸人たる地位は、賃借人の承諾を要しないで、譲渡人と譲受人との合意により、譲受人に移転させることができる（民法605条の３前段）。

正解 ❹

賃貸人の地位の移転は本試験における重要なテーマです。本問は、この重要なテーマにつき、４つの肢を理解すれば主要なポイントを押さえることができる良問です。肢１は、賃借人が賃貸借の対抗要件を備えていれば、その不動産が譲渡されたときは、その不動産の賃貸人たる地位は、その譲受人に移転するということを問題としました。肢２では、不動産の譲渡人及び譲受人が、賃貸人たる地位を譲渡人に留保する旨及びその不動産を譲受人が譲渡人に賃貸する旨の合意をしたときは、賃貸人たる地位は、譲受人に移転しないことが問われています。賃貸人たる地位の移転が移転しても、譲受人は所有権の移転の登記をしなければ、賃借人に対抗することができず、賃料請求もできません。この点を出題しているのが肢３です。肢４は、不動産の譲渡人が賃貸人であるときは、その賃貸人たる地位は、賃借人の承諾を要しないで、譲渡人と譲受人との合意により、譲受人に移転させることができることを確かめる問題です。

賃貸住宅の意味

▶R03　問29　重要度A

管理業法における賃貸住宅に関する次の記述のうち、誤っているものはどれか。

❶　賃貸住宅とは、賃貸借契約を締結し賃借することを目的とした、人の居住の用に供する家屋又は家屋の部分をいう。

❷　建築中の家屋は、竣工後に賃借人を募集する予定で、居住の用に供することが明らかな場合であっても、賃貸住宅に該当しない。

❸　未入居の住宅は、賃貸借契約の締結が予定され、賃借することを目的とする場合、賃借人の募集前であっても、賃貸住宅に該当する。

❹　マンションのように通常居住の用に供される一棟の家屋の一室について賃貸借契約を締結し、事務所としてのみ賃借されている場合、その一室は賃貸住宅に該当しない。

❶ 正しい

賃貸住宅管理業法上、賃貸住宅は、賃貸の用に供する住宅であり、住宅とは人の居住の用に供する家屋又は家屋の部分である（賃貸住宅管理業法２条１項）。

❷ 誤っているので正解

家屋等が建築中であっても、竣工後に賃借人を募集する予定であり、居住の用に供することが明らかな場合は、賃貸住宅に該当する（「解釈・運用の考え方」第２条第１項関係（３））。

❸ 正しい

賃貸人と賃借人（入居者）との間で賃貸借契約が締結されておらず、賃借人（入居者）を募集中の家屋等や募集前の家屋等であっても、賃貸借契約の締結が予定され、賃借することを目的とされる場合は、賃貸住宅に該当する（「解釈・運用の考え方」第２条第１項関係（３））。

❹ 正しい

賃貸住宅は住宅であり、住宅は人の居住の用に供するものだから、事業の用に供される事務所としてのみ賃借されている家屋の一室は賃貸住宅にはあたらない（「解釈・運用の考え方」第２条第１項関係、「１　賃貸住宅について」）。

正解 

賃貸住宅管理業法は、賃貸住宅の管理に関する法律であって、法律の適用対象を画するために、賃貸住宅の意味を確かめることが必要になります。**賃貸住宅は、賃貸の用に供する住宅であり、住宅とは人の居住の用に供する家屋または家屋の部分です。**賃貸の用に供するものであれば足りますから、建物が完成していることや、実際に賃貸されていることは必要ではありません。他方で、住宅の賃貸ですから、事務所や商業施設として賃貸されるものは、含まれません。本問は、これらの問題を通じて、賃貸住宅の意味を問うています。

管理業務の意味

▶R03　問30　重要度A

管理業法における管理業務に関する次の記述のうち、誤っているものはどれか。

❶　管理業務には、賃貸住宅の居室及びその他の部分について、点検、清掃その他の維持を行い、及び必要な修繕を行うことが含まれる。

❷　管理業務には、賃貸住宅の維持保全に係る契約の締結の媒介、取次ぎ又は代理を行う業務が含まれるが、当該契約は賃貸人が当事者となるものに限られる。

❸　賃貸住宅に係る維持から修繕までを一貫して行う場合であっても、賃貸住宅の居室以外の部分のみについて行うときは、賃貸住宅の維持保全には該当しない。

❹　管理業務には、賃貸住宅に係る家賃、敷金、共益費その他の金銭の管理を行う業務が含まれるが、維持保全と併せて行うものに限られる。

❶ 正しい

管理業務とは、委託に係る賃貸住宅の維持保全（住宅の居室及びその他の部分について、点検、清掃その他の維持を行い、必要な修繕を行うこと）を行う業務及び賃貸住宅に係る家賃、敷金、共益費その他の金銭の管理を行う業務（維持保全と併せて行うもの）である（賃貸住宅管理業法２条２項１号・２号）。

❷ 誤っているので正解

維持保全にあたるには修繕を行うことを要するところ、修繕には、賃貸住宅の賃貸人のために維持保全に係る契約の締結の媒介、取次ぎ又は代理を行う業務が含まれる。維持・修繕業者への契約の発注等については、賃貸人が当事者になるものに限定されない（賃貸住宅管理業法２条２項１号）。

❸ 正しい

維持保全の対象は、住宅の居室及びその他の部分である。住宅の居室以外の部分のみについて維持および修繕を行う場合には、賃貸住宅の維持保全にならない（「解釈・運用の考え方」第２条第２項関係、「２　賃貸住宅の維持保全」について（第１号関係））。

❹ 正しい

賃貸住宅に係る家賃、敷金、共益費その他の金銭の管理を行う業務は、維持保全と併せて行うものに限って管理業務になる（賃貸住宅管理業法２条２項２号）。

正解 ❷

管理業者の義務

▶R03　問31　重要度A

問31▶ 管理業法における賃貸住宅管理業者の業務に関する次の記述のうち、誤っているものはどれか。

❶　賃貸住宅管理業者は、使用人その他の従業者に、その従業者であることを証する証明書を携帯させなければならない。

❷　賃貸住宅管理業者は、管理受託契約に基づく管理業務において受領する家賃、敷金、共益費その他の金銭を、自己の固有財産及び他の管理受託契約に基づく管理業務において受領する家賃、敷金、共益費その他の金銭と分別して管理しなければならない。

❸　賃貸住宅管理業者は、営業所又は事務所ごとに、業務に関する帳簿を備え付け、委託者ごとに管理受託契約について契約年月日等の事項を記載して保存しなければならない。

❹　賃貸住宅管理業者は、再委託先が賃貸住宅管理業者であれば、管理業務の全部を複数の者に分割して再委託することができる。

要点　証明書の携帯等

❶証明書を携帯させる義務	従業者(※1)に従業者であることを証する証明書(※2)を携帯させなければ、その者をその業務に従事させてはならない
❷従業者の義務（提示義務）	従業者は、その業務を行うに際し、委託者その他の関係者から請求があったときは、証明書を提示しなければならない

（※１）内部管理事務に限って従事する者については、従業者証明書を携帯させる義務はない

（※２）証明書は様式が定められている

❶ 正しい

賃貸住宅管理業者は、従業者に、証明書を携帯させなければ、その者をその業務に従事させてはならない（賃貸住宅管理業法17条１項）。

❷ 正しい

賃貸住宅管理業者は、管理業務において受領する家賃、敷金、共益費その他の金銭を、整然と管理する方法として、自己の固有財産及び他の管理受託契約に基づく管理業務において受領する家賃、敷金、共益費その他の金銭と分別して管理しなければならない（賃貸住宅管理業法16条）。

❸ 正しい

賃貸住宅管理業者は、営業所又は事務所ごとに、帳簿を備え付け、委託者ごとに管理受託契約について契約年月日その他の所定の事項を記載し、これを保存しなければならない（賃貸住宅管理業法18条）。

❹ 誤っているので正解

賃貸住宅管理業者は、管理業務の全部の再委託が禁じられる（賃貸住宅管理業法15条）。管理業務を複数の者に分割して再委託して自ら管理業務を一切行わないことは、再委託先が賃貸住宅管理業者であったとしても、再委託禁止に違反する（「解釈・運用の考え方」第15条関係、「１　一部の再委託について」）。

正解 ❹

登録（死亡、合併等）

▶R03　問32　重要度Ａ

管理業法における登録及び業務に関する次の記述のうち、正しいものはどれか。

❶　賃貸住宅管理業者である個人が死亡したときは、その相続人は、死亡日から30日以内に国土交通大臣に届け出なければならない。

❷　賃貸住宅管理業者である法人が合併により消滅したときは、その法人の代表役員であった者が国土交通大臣に届け出なくても、賃貸住宅管理業の登録は効力を失う。

❸　破産手続開始の決定を受けて復権を得ない者は、賃貸住宅管理業者の役員となることはできないが、業務管理者となることができる。

❹　賃貸住宅管理業者は、営業所又は事務所ごとに掲示しなければならない標識について公衆の見やすい場所を確保できない場合、インターネットのホームページに掲示することができる。

❶ 誤り

賃貸住宅管理業者である個人が死亡したときは、賃貸住宅管理業者の相続人は、死亡した日から30日以内ではなく、その事実を知った日から30日以内に、届け出なければならない（賃貸住宅管理業法９条１項１号）。

❷ 正しいので正解

賃貸住宅管理業者である法人が合併により消滅したときは、登録は効力を失う（賃貸住宅管理業法９条２項・１項２号）。

❸ 誤り

役員のうちに破産手続開始の決定を受けて復権を得ない者があるときは、法人については賃貸住宅管理業者の登録が拒否される（賃貸住宅管理業法６条１項２号・８号）。また、破産手続開始の決定を受けて復権を得ない者は業務管理者になることはできない（同法12条４項・６条１項２号）。

❹ 誤り

賃貸住宅管理業者は、その営業所又は事務所ごとに、公衆の見やすい場所に、標識を掲示する義務がある（賃貸住宅管理業法19条）。インターネットのホームページに標識を掲示しても、標識を掲示する義務を果たしたことにはならない。

正解　❷

特定賃貸借標準契約書❶

▶R03　問33　重要度A

特定賃貸借標準契約書（国土交通省不動産・建設経済局令和３年４月23日更新。以下、各問において同じ。）に関する次の記述のうち、最も適切なものはどれか。ただし、特約はないものとする。

❶　特定賃貸借標準契約書では、賃貸住宅内の修繕を借主が実施するとしている場合には、転貸借契約終了時の賃貸住宅内の修繕は、貸主と協議をすることなく借主がその内容及び方法を決定することができるとされている。

❷　特定賃貸借標準契約書では、転貸借契約を定期建物賃貸借にするか否かは、借主と転借人との間の合意により自由に決定することができるとされている。

❸　特定賃貸借標準契約書では、転借人が賃貸借の目的物を反社会的勢力の事務所に供していた場合には、借主は、催告をすることなく、転貸借契約を解除することができるとされている。

❹　特定賃貸借標準契約書では、転貸借契約から生じる転借料と転借人から交付された敷金は、借主の固有の財産及び他の貸主の財産と分別したうえで、まとめて管理することができるとされている。

❶　適切ではない

借主は修繕が必要な箇所を発見した場合、速やかに貸主に通知し、修繕の必要性を協議する（特定賃貸借標準契約書11条５項）。借主が修繕を実施するものとされていても、協議が必要である（同条９項）。

❷　適切ではない

契約で決められた転貸の条件に従う限り、借主の転貸を承諾するものとされている（特定賃貸借標準契約書９条１項本文）。転貸借を普通賃貸借契約と定期賃貸借契約のいずれかにするかは貸主と借主の契約で定められるのであって、借主が自由に決定できるものではない。

❸　最も適切なので正解

転貸借契約において転借人が反社会的勢力を居住させることを禁止し（特定賃貸借標準契約書９条２項３号ハ）、転借人が禁止条項に違反した場合には、借主が無催告で転貸借契約を解除できるとすることが（同条２項５号）、転貸条件となっている。

❹　適切ではない

借主は、転借人から交付された敷金について、自己の固有財産および他の賃貸人の財産と分別して管理しなければならないとされている（特定賃貸借標準契約書９条３項）。

正解　❸

本問は、国土交通省の策定した特定賃貸借標準契約書に関する問題です。それぞれの肢をみていくと、特定賃貸借標準契約書の知識がなくても、解くことができます。まず、肢１については、賃貸住宅は賃借人（サブリース業者）からみれば他人の物ですから、普通に考えれば、**修繕を行うにしても、通知や協議が必要**ということになりましょう。肢２も、**転貸借が普通建物賃貸借なのか定期建物賃貸借なのか**は賃貸人にとって重要な問題ですから、賃借人が自由に決めることができるものとすることは想定されません。肢３の**反社会的勢力の関係の条文**はいまや不動産取引における常識ですし、肢４の**分別管理**は、賃貸住宅管理業法のもとでは、サブリースについても求められる取り扱いとなります。

特定賃貸借標準契約書❷

▶R03　問34　重要度A

特定賃貸借標準契約書に関する次の記述のうち、最も不適切なものはどれか。ただし、特約はないものとする。

❶　特定賃貸借標準契約書では、借主が賃貸住宅の維持保全をするに当たり、特定賃貸借契約締結時に貸主から借主に対し必要な情報の提供がなかったことにより借主に損害が生じた場合には、その損害につき貸主に負担を求めることができるとされている。

❷　特定賃貸借標準契約書では、貸主が賃貸住宅の修繕を行う場合は、貸主はあらかじめ自らその旨を転借人に通知しなければならないとされている。

❸　特定賃貸借標準契約書では、賃貸住宅の修繕に係る費用については、借主又は転借人の責めに帰すべき事由によって必要となったもの以外であっても、貸主に請求できないものがあるとされている。

❹　特定賃貸借標準契約書では、借主が行う賃貸住宅の維持保全の内容及び借主の連絡先については、転借人に対し、書面又は電磁的方法による通知をしなければならないとされている。

❶ 適切

貸主は、借主が管理業務を行うために必要な情報を提供しなければならない（特定賃貸借標準契約書10条５項）、必要な情報を提供せず、そのために生じた借主の損害は、貸主が負担する（同条６項）。

❷ 最も不適切なので正解

貸主が修繕を行う場合は、貸主は、あらかじめ借主を通じて、その旨を転借人に通知しなければならない（特定賃貸借標準契約書11条４項）。

❸ 適切

本物件の点検・清掃等に係る費用は、頭書（７）に記載するとおり、甲と乙がそれぞれ負担する（特定賃貸借標準契約書11条１項）。借主負担とされたものは、借主に責任があるかどうかを問わず借主負担となる（同条３項）。

❹ 適切

借主は、自らを転貸人とする転貸借契約を締結したときは、転借人に対し、維持保全の内容及び借主の連絡先を記載した書面又は電磁的方法により通知しなければならない（特定賃貸借標準契約書12条）。

正解 ❷

本問は、国土交通省の策定した特定賃貸借標準契約書のうち、維持保全に関する事項の出題です。サブリース事業では、多くの場合にサブリース業者が責任をもって維持保全を行うものとされます。肢１はそのために賃貸人から情報提供をすることが必要とされるという問題です。また修繕は入居者の生活に影響しますから、肢２、肢４では転借人に通知をすることなどの定めを問題にしました。肢３では、費用負担の取り決めが問題になっています。

特定賃貸借標準契約書❸

▶R03　問35　重要度A

特定転貸事業者の貸主への報告に関する次の記述のうち、特定賃貸借標準契約書によれば最も適切なものはどれか。ただし、特約はないものとする。

❶　貸主との合意に基づき定めた期日において、賃貸住宅の維持保全の実施状況や転貸条件の遵守状況、転借人からの転借料の収納状況について、貸主に対し書面を交付して定期報告を行わなければならない。

❷　貸主は、借主との合意に基づき定めた期日以外であっても、必要があると認めるときは、借主に対し、維持保全の実施状況に関して報告を求めることができる。

❸　修繕を必要とする箇所を発見した場合、それが緊急を要する状況ではなかったときには、定期報告において貸主に書面を交付して報告を行うことができる。

❹　自然災害が発生し緊急に修繕を行う必要が生じたため、貸主の承認を受ける時間的な余裕がなく、承認を受けずに当該業務を実施したときは、貸主への報告をする必要はない。

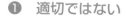

❶ 適切ではない

借主は、貸主と合意に基づき定めた期日に、貸主と合意した頻度に基づき定期に、貸主に対し、維持保全の実施状況の報告をするとされているが（特定賃貸借標準契約書13条１項）、特定賃貸借標準契約書上は報告は書面で行うことは要しない。

❷ 最も適切なので正解

貸主は、定期報告のほかに、必要があるときは、借主に対し、維持保全の実施状況の報告を求めることができる（特定賃貸借標準契約書13条２項）。

❸ 適切ではない

借主が修繕が必要な箇所を発見した場合には、その旨を速やかに貸主に通知しなければならない（特定賃貸借標準契約書11条５項）。この通知は、速やかに行う必要があり、定期報告による報告だけでは不十分である。

❹ 適切ではない

借主は、災害または事故等の事由により、緊急に行う必要がある業務で、貸主の承認を受ける時間的な余裕がないものについては、貸主の承認を受けないで実施することができるが、この場合には、速やかに書面をもって、その業務の内容及びその実施に要した費用の額を貸主に通知しなければならない（特定賃貸借標準契約書11条７項）。

正解 ❷

賃貸住宅管理業法では、管理受託については、賃貸住宅管理業者に対して、委託者に定期的な報告を義務づけていますが、サブリースでは、サブリース業者から賃貸人に対する報告は、法律上の義務とはされていません。この点について、特定賃貸借標準契約書では、契約上の義務として、サブリース業者に対して、維持保全の実施状況の報告義務を課しています。肢１はこの点を問うており、報告義務はあるが、報告を書面で行うことまでは契約上の義務になってはいない、という点を出題しています。肢２では、賃貸人は、定期報告のほかに、必要があるときは、借主に対し、維持保全の実施状況の報告を求めることができることを問題としました。

特定賃貸借契約の締結時書面

▶R03 問36 重要度A

特定転貸事業者が特定賃貸借契約を締結したときに賃貸人に対して交付しなければならない書面（以下、「特定賃貸借契約締結時書面」という。）に関する次の記述のうち、誤っているものはどれか。

❶ 特定賃貸借契約締結時書面は、特定賃貸借契約書と同時に賃貸人に交付する必要はない。

❷ 特定転貸事業者が特定賃貸借契約を更新する際、賃貸人に支払う家賃を減額するのみでその他の条件に変更がなければ、特定賃貸借契約締結時書面の交付は不要である。

❸ 特定賃貸借契約締結時書面に記載すべき事項を電磁的方法により提供する場合、あらかじめ相手方の承諾を得なければならない。

❹ 特定転貸事業者が特定賃貸借契約締結時書面の交付を怠った場合、50万円以下の罰金に処される場合がある。

❶ 正しい

契約締結時書面について、特定賃貸借契約を締結したときは、遅滞なく、交付しなければならないのであり（賃貸住宅管理業法31条１項）、交付時点は契約締結と同時ではなく、「契約締結後遅滞なく」である。

❷ 誤りなので正解

特定賃貸借契約の更新においては、当初契約と異なる内容で更新する場合には、契約締結時書面の交付が必要となる（解釈・運用の考え方第31条関係２）。家賃を減額するだけであっても、当初契約と異なる内容での更新なので、契約締結時書面を交付しなければならない。

❸ 正しい

特定転貸事業者は、契約締結時書面の交付に代えて、書面に記載すべき事項を電磁的方法により提供することができるが、書面に記載すべき事項を電磁的方法により提供するには、相手方となろうとする者の承諾を要する（賃貸住宅管理業法31条２項・30条２項本文）。

❹ 正しい

契約締結時書面を交付する義務に違反して書面を交付しなかった場合には、50万円以下の罰金に処される（賃貸住宅管理業法43条・31条１項）。

正解 ❷

要点 相手方（賃貸人）の承諾

❶相手方の承諾は、書面、または、情報提供に用いる方法やファイルへの記録方法を示した上で、電子メール、WEB による方法、CD－ROM 等相手方が承諾したことが記録に残る方法で承諾を得ること
❷いったん承諾を得ても、後に電磁的方法による提供を受けない旨の申出があったときは、電磁的方法による提供をすることはできない

特定賃貸借契約重要事項説明❶（説明事項）

▶R03　問37　重要度A

特定転貸事業者が特定賃貸借契約を締結しようとするときに契約の相手方となろうとする者に説明しなければならない事項に関する次の記述のうち、正しいものはいくつあるか。

ア　特定賃貸借契約の対象となる賃貸住宅の面積
イ　特定賃貸借契約の相手方に支払う家賃の設定根拠
ウ　特定賃貸借契約の相手方に支払う敷金がある場合はその額
エ　特定転貸事業者が賃貸住宅の維持保全を行う回数や頻度

❶　1つ
❷　2つ
❸　3つ
❹　4つ

令和3年度

ア　正しい

賃貸住宅の面積は、特定転貸事業者が説明しなければならない事項である（賃貸住宅管理業法30条１項、同法施行規則46条２号、「解釈・運用の考え方」第30条関係２（２））。

イ　正しい

家賃の設定根拠は、特定転貸事業者が説明しなければならない事項である（賃貸住宅管理業法30条１項、同法施行規則46条３号、「解釈・運用の考え方」第30条関係２（３））。

ウ　正しい

敷金がある場合の敷金の額は、特定転貸事業者が説明しなければならない事項である（賃貸住宅管理業法30条１項、同法施行規則46条３号、「解釈・運用の考え方」第30条関係２（３））。

エ　正しい

維持保全を行う場合の回数や頻度は、特定転貸事業者が説明しなければならない事項である（賃貸住宅管理業法30条１項、同法施行規則46条４号、「解釈・運用の考え方」第30条関係２（４））。

正しいものは、ア～エの４つである。

正解 

特定賃貸借契約の重要事項説明における説明事項は、令和５年問37・問38、令和４年問40、令和３年本問・問38と、連続して毎年１問ないし２問が出題されています。問われる説明事項は多岐にわたっており、本問では、肢アで対象の特定、肢イで家賃の設定根拠、肢ウで敷金、肢エで維持保全の回数や頻度が題材とされています。重要事項説明における説明事項は、出題者が非常に重視していることは明らかですから、今後も出題が予想されるところであり、しっかりと学習をしておかなければならない分野です。

特定賃貸借契約重要事項説明❷（方法など）

▶R03　問38　重要度A

特定転貸事業者が、特定賃貸借契約を締結しようとする際に行う相手方への説明に関する次の記述のうち、最も不適切なものはどれか。

❶　説明の前に管理業法第30条に規定する書面（以下、本問において「特定賃貸借契約重要事項説明書」という。）等を送付しておき、送付から一定期間後に説明を実施した上で速やかに契約書を取り交わした。

❷　相手方とは、既に別の賃貸住宅について特定賃貸借契約を締結していたため、その契約と同じ内容については特定賃貸借契約重要事項説明書への記載を省略した。

❸　相手方への説明を、賃貸不動産経営管理士の資格を有しない従業者に行わせた。

❹　賃貸住宅の修繕は、特定転貸事業者が指定した業者に施工させなければならないという条件を契約に盛り込むこととし、その旨説明した。

❶ 適切

特定転貸事業者は、特定賃貸借契約を締結しようとするときは、相手方に対し、特定賃貸借契約を締結するまでに、書面を交付して必要事項を説明しなければならない（賃貸住宅管理業法30条１項）。説明の実施時期については、説明から契約締結までに１週間程度の期間をおくことが望ましい（「解釈・運用の考え方」第30条関係１）。

❷ 最も不適切なので正解

相手方と別の賃貸住宅について特定賃貸借契約を締結していても、書面への記載を省略することはできない。

❸ 適切

説明は特定転貸事業者の従業員が行えば足りる。説明を行う者については法的な制約はなく、賃貸不動産経営管理士の資格を有しない従業者に行わせても差し支えはない。

❹ 適切

修繕等の際に、特定転貸事業者が指定する業者が施工するという条件を定める場合は、特定転貸事業者はその旨を説明しなければならない（賃貸住宅管理業法30条１項、同法施行規則46条５号、「解釈・運用の考え方」第30条関係２（５））。

正解 ❷

誇大広告等の禁止

▶R03　問39　重要度A

特定転貸事業者が特定賃貸借契約の条件について広告をする際に禁止される行為に当たるものに関する次の記述のうち、正しいものはいくつあるか。

ア　実際の周辺相場について調査していなかったが、「周辺相場より高い家賃で借り上げ」と表示した。

イ　大規模修繕積立金として月々の家賃から一定額を差し引く一方、日常修繕の費用負担は賃貸人に求めない予定であったため、「修繕費負担なし」と表示した。

ウ　契約を解除する場合には、月額家賃の数か月を支払う必要があるにもかかわらず、その旨を記載せずに、「いつでも借り上げ契約は解除できます」と表示した。

エ　借地借家法上の賃料減額請求が可能であるにもかかわらず、その旨を表示せず、「10年家賃保証」と表示した。

❶　1つ
❷　2つ
❸　3つ
❹　4つ

ア　正しい

根拠のない算出基準で算出した家賃をもとに、「周辺相場よりも当社は高く借り上げます」と表示することが誇大広告の例としてあげられる（賃貸住宅管理業法施行規則43条１号、サブリースガイドライン）。

イ　正しい

実際には、大規模修繕など一部の修繕費はオーナーが負担するにも関わらず、「修繕費負担なし」といった表示をすることが誇大広告等の例としてあげられている（賃貸住宅管理業法施行規則43条３号、サブリースガイドライン）。

ウ　正しい

実際には、契約を解除する場合は、月額家賃の数か月を支払う必要があるにもかかわらずその旨を記載せずに、「いつでも借り上げ契約は解除できます」と表示することが誇大広告等の例としてあげられている（賃貸住宅管理業法施行規則43条４号、サブリースガイドライン）。

エ　正しい

サブリース業者からの減額請求が可能であるにもかかわらず、その旨を表示せず、「○年家賃保証！」等と表示することが誇大広告等の例としてあげられている（賃貸住宅管理業法施行規則43条１号、サブリースガイドライン）。

ア～エの記述は全部正しいので、正しいものは４つである。

正解 

賃貸住宅管理業法は、誇大広告等を禁止しています。誇大広告等の禁止は、令和３年から令和５年まで連続して出題されており、令和６年以降も必ず出題されるテーマです。特に国土交通省の策定した「サブリース事業に係る適正な業務のためのガイドライン」における具体例が出題される可能性が高いので、準備が必要です。

不当な勧誘等の禁止（勧誘者）

▶R03　問40　重要度A

特定賃貸借契約の締結について不当な勧誘を禁止される「勧誘者」に関する次の記述のうち、正しいものの組合せはどれか。

ア　勧誘者は、特定転貸事業者から委託料を受け取って勧誘の委託を受けた者に限られない。

イ　勧誘者が勧誘行為を第三者に再委託した場合、再委託を受けた第三者も勧誘者に該当する。

ウ　特定転貸事業者である親会社との間で特定賃貸借契約を結ぶよう勧める場合の子会社は、勧誘者にあたらない。

エ　勧誘者には不当な勧誘等が禁止されるが、誇大広告等の禁止は適用されない。

❶　ア、イ
❷　イ、ウ
❸　ウ、エ
❹　ア、エ

ア　正しい

勧誘者は委託を受けた者に限らない（解釈・運用の考え方）。また、委託料を受けて行う場合ではなくても、勧誘者になる。

イ　正しい

勧誘者が勧誘行為を第三者に再委託した場合は、その第三者も勧誘者に該当する（解釈・運用の考え方）。

ウ　誤り

勧誘者となるかどうかは、資本関係の有無はかかわりがないのであり（解釈・運用の考え方）、特定転貸事業者である親会社との間で特定賃貸借契約を結ぶよう勧める場合の子会社も勧誘者にあたる。

エ　誤り

勧誘者については、不当な勧誘等の禁止と誇大広告等の禁止のいずれもが適用される（賃貸住宅管理業法28条・29条）。

正しいものの組合せは、アとイである。

正解　❶

要点　勧誘者の定義

❶委託の形式を問わない
❷明示で委託をしていなくてもよい
❸自発的に勧誘を行っている場合も、規制の対象
❹資本関係がなくてもよい
　例：建設会社、不動産業者、金融機関等の法人やファイナンシャルプランナー、コンサルタント等
❺再勧誘を行うものも、規制の対象

特定転貸事業者等への監督

▶R03　問41　重要度A

次の記述のうち、誤っているものはどれか。

❶　国土交通大臣は、特定転貸事業者が国土交通大臣の指示に従わない場合でも、特定賃貸借契約に関する業務の全部の停止を命じることはできない。

❷　勧誘者が不当な勧誘等の禁止に違反した場合、特定転貸事業者が監督処分を受けることがある。

❸　国土交通大臣は、特定転貸事業者が誇大広告等の禁止に違反した場合、違反の是正のための措置をとるべきことを指示できることがある。

❹　国土交通大臣は、特定転貸事業者に対し業務停止の命令をしたときは、その旨を公表しなければならない。

要点　特定転貸事業者等への監督・罰則

- 行政による監督処分には、指示と業務停止がある
  ※指示は過去５年内に行われた違反行為が対象
  ※業務停止は、１年以内の期間を限って行われる

要点　業務停止

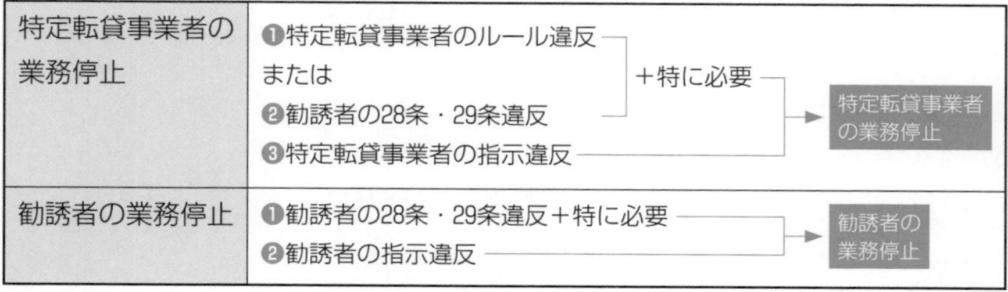

特定転貸事業者の業務停止	❶特定転貸事業者のルール違反 または ❷勧誘者の28条・29条違反 ＋特に必要 ❸特定転貸事業者の指示違反 → 特定転貸事業者の業務停止
勧誘者の業務停止	❶勧誘者の28条・29条違反＋特に必要 ❷勧誘者の指示違反 → 勧誘者の業務停止

※業務停止命令で、停止を命じることができるのは新たな契約締結である。契約締結済みの履行について業務停止を命じることはできない

国土交通大臣は、特定転貸事業者が指示に従わないときは、その特定転貸事業者に対し、業務の全部もしくは一部を停止すべきことを命ずることができる（賃貸住宅管理業法34条１項）。業務停止命令は全部の業務について可能である。

❷ 正しい

国土交通大臣は、勧誘者が誇大広告等の禁止または不当な勧誘等の禁止に違反した場合、特定転貸事業者に対し、指示を行い（賃貸住宅管理業法33条１項）、または業務停止を命令することができる（同法34条１項）。

❸ 正しい

国土交通大臣は、特定転貸事業者に業務の規律違反がある場合には、特定転貸事業者に対し、違反の是正のための措置その他の必要な措置をとるべきことを指示することができる（賃貸住宅管理業法33条１項）。

❹ 正しい

国土交通大臣は、業務停止を命令したときは、その旨を公表しなければならない（賃貸住宅管理業法34条３項）。

正解 ❶

賃貸住宅管理の意義

▶R03　問42　重要度A

賃貸住宅の管理に関する次の記述のうち、最も適切なものはどれか。

❶　募集の準備等の契約前業務、賃料の収納と送金等の契約期間中の業務、期間満了時の契約更新業務、明渡しや原状回復等の契約終了時の業務、建物の維持管理や清掃等の維持保全業務は、いずれも居室部分を対象とする業務である。

❷　貸主が賃貸住宅管理業者に管理業務を委託する管理受託方式の賃貸住宅経営において、賃貸住宅管理業者は、借主の募集、賃料の収受や契約条件の交渉、建物の維持管理の業務を、いずれも貸主の代理として行う。

❸　賃貸住宅管理業者は、建物管理のプロとしての役割を果たす、循環型社会への移行に貢献する、管理業務に関する専門知識の研鑽と人材育成に努める、といった社会的責務を負うが、貸主の賃貸住宅経営を総合的に代行する資産運営の専門家というわけではない。

❹　借主保持と快適な環境整備、透明性の高い説明と報告、新たな経営管理手法の研究と提案、能動的・体系的管理の継続、非常事態における借主のサポートは、いずれも賃貸住宅管理業者に求められる役割である。

❶　適切ではない

貸住宅管理は、居室部分を対象とするだけではなく、共用部分に関する維持保全、清掃、巡回、災害発生時の対応等の業務も対象である。

❷　適切ではない

管理受託方式の賃貸住宅経営においては、管理業者は、法律行為について賃貸人を代理するか、または、賃料の収受や契約条件の交渉、共用部分の維持保全を事実行為として行い、管理業務を行う。必ずしも賃貸人の代理として行うとは限らない。

❸　適切ではない

管理業者はいかにして不動産の所有者が不動産から収益を上げるかという観点から賃貸住宅管理のあり方を構成しなければならないのであり、賃貸人の賃貸住宅経営を総合的に代行する専門家としての業務が求められる。

❹　最も適切なので正解

賃借人保持と快適な環境整備の整備、透明性の高い説明と報告などは、いずれも管理業者の役割である。

正解　❹

賃貸不動産経営管理士は、多くの場合に、賃貸住宅管理業者の従業員として業務を行います。**賃貸住宅管理業者**は、賃貸人から依頼を受けて賃貸人の収益確保を図る立場に立ちます。賃借人への賃貸住宅における平穏な生活の提供を通じて、賃貸人の利益を確保するという役割については、試験ではしばしばその理解が問われています。

賃貸不動産経営管理士の業務

▶R03　問43　重要度A

賃貸不動産経営管理士の業務に関する次の記述のうち、最も不適切なものはどれか。

❶　賃貸不動産経営管理士は業務管理者として、管理受託契約重要事項説明書の交付、維持保全の実施、家賃、敷金、共益費その他の金銭の管理、帳簿の備付け、貸主に対する定期報告、入居者からの苦情の処理に関する事項等を自ら実施する役割を担っている。

❷　賃貸不動産経営管理士は、業務管理者としての事務を適切に実施することに加え、賃貸借関係の適正化を図るために賃貸住宅管理業者が行う業務につき、管理・監督する役割や自ら実施する役割を担う。

❸　賃貸不動産経営管理士は、宅地建物取引業者が媒介や代理をしないサブリース方式の転貸借契約において、宅地建物取引業法に準じ、転借人に対して契約締結前の重要事項説明や契約成立時の書面の交付を行うことが期待される。

❹　賃貸不動産経営管理士は、不動産をめぐる新たな政策課題や賃貸不動産の活用方式の普及に積極的に協力して取り組み、不動産政策の推進とそれに伴う国民生活の安定向上に貢献することが求められる。

業務管理者は、賃貸住宅管理業法上、重要事項の説明、維持保全の実施などについて、管理監督に関する事務を行うことがその役割である（賃貸住宅管理業法12条）。業務管理者が自ら実施するとされているものではない。

❷ 適切

業務管理者は、重要事項の説明、維持保全の実施などについて、管理監督に関する事務を行うことがその役割であるが（賃貸住宅管理業法12条）、これに加え、賃貸不動産経営管理士が、業務管理者としてではなく、重要事項の説明、維持保全の実施などを自ら行うことも必要と考えられる。

❸ 適切

宅建業者が代理・媒介を行わず、転貸人が自ら転借人に賃貸住宅を賃貸するような場合に、転借人に対して重要事項説明や契約成立時の書面の作成交付を行うことは、賃貸不動産経営管理士に期待されている業務である。

❹ 適切

賃貸不動産経営管理士は、賃貸不動産の経営・管理の専門家としての高度な能力と豊富な経験をもとに、新たな課題の解決に向けた取組みにつき、積極的に貢献するべきである。

正解 ❶

賃貸住宅管理業法上、賃貸不動産経営管理士は、業務管理者として活動することが予定されているために、賃貸不動産経営管理士と業務管理者とを関連させた問題がでています。肢１では、重要事項の説明、維持保全の実施などについて、管理監督に関する事務を行うことが業務管理者の役割であり、これらについて業務管理者自らが実施するとされているものではないこと、肢２では、とはいえ、賃貸不動産経営管理士が、重要事項の説明、維持保全の実施などを自ら行うことも求められること、さらには問３では、転借人に対して重要事項説明や契約成立時の書面の作成交付を行うことは、賃貸不動産経営管理士に期待されている業務であることが、それぞれ問われています。肢４で述べられているように、賃貸不動産経営管理士は、新たな課題の解決に向けた取組みにつき、積極的に貢献しなければなりません。

おとり広告

▶R03　問44　重要度A

宅地建物取引業におけるおとり広告に関する次の記述のうち、適切なものはどれか。

❶　成約済みの物件を速やかに広告から削除せずに当該物件のインターネット広告等を掲載することは、おとり広告に該当する。

❷　実際には取引する意思のない実在する物件を広告することは、物件の内容が事実に基づくものである限り、おとり広告に該当しない。

❸　他の物件情報をもとに、賃料や価格、面積又は間取りを改ざんする等して実際には存在しない物件を広告することは、おとり広告に該当する。

❹　おとり広告は、宅地建物取引業法には違反しないが、不動産の表示に関する公正競争規約（平成17年公正取引委員会告示第23号）に違反する行為である。

❶ 適切なので正解

おとり広告は、顧客を集めるために売る意思のない条件の良い物件を広告し、実際は他の物件を販売しようとする広告である。インターネット広告等において、成約済みの物件を速やかに削除せず掲載を続けることはおとり広告になる。

❷ 適切ではない

物件が実在しても、実際には取引する意思のない物件を広告することは、おとり広告になる。

❸ 適切ではない

国土交通省の公表している文書では、顧客を集めるために売る意思のない条件の良い物件を広告し、実際は他の物件を販売しようとする広告をおとり広告、実際には存在しない物件等を広告することを虚偽広告として、区別している（国土交通省の宅建業法の解釈運用の考え方等）。本肢については、実在しない物件を広告することをおとり広告としている点において、適切ではない。

❹ 適切ではない

おとり広告は、誇大広告等であり、不動産の表示に関する公正競争規約に違反するだけではなく、宅建業法にも違反する（宅地建物取引業法32条）。

正解　❶

おとり広告は、宅建業法違反であり、公正競争規約違反です。国土交通省からの度重なる注意喚起にもかかわらず、インターネット広告等において、成約済みの物件を速やかに削除せず掲載を続けるおとり広告があとをたちません。そのような状況を鑑みて、本問ではおとり広告の問題が出題されています。おとり広告は令和５年第44問肢４でも取り上げられています。

所得税

▶R03　問45　重要度B

不動産の税金に関する次の記述のうち、正しいものはどれか。

❶　サラリーマン等給与所得者は会社の年末調整により税額が確定するので、通常は確定申告をする必要はないが、不動産所得がある場合には、確定申告により計算・納付をしなければならない。

❷　不動産所得の計算において、個人の場合、減価償却の方法は定率法を原則とするが、「減価償却資産の償却方法の届出書」を提出すれば定額法によることも認められる。

❸　賃貸不動産購入時のさまざまな支出のうち、不動産取得税や登録免許税、登記費用、収入印紙等はその年の必要経費とすることができるが、建築完成披露のための支出は建物の取得価額に含まれる。

❹　不動産所得の収入に計上すべき金額は、その年の1月1日から12月31日までの間に実際に受領した金額とすることが原則であり、未収賃料等を収入金額に含める必要はない。

❶ 正しいので正解

不動産を賃貸すると、不動産所得が発生する。所得税は、不動産所得と他の所得（給与所得等）を合算して確定申告により計算する。サラリーマン等給与所得者は会社の年末調整により税額が確定するので、通常は確定申告をする必要はないが、不動産所得がある場合には、確定申告による計算・納付をしなければならない。

❷ 誤り

減価償却は、個人の場合には、原則的には、定率法ではなく、定額法により計算がなされる。なお税務署に書類を提出することによって定率法の採用が認められる場合もある。

❸ 誤り

不動産取得税、登録免許税、登記費用、収入印紙だけではなく、建築完成披露のための支出もまた、不動産の取得価額に含めるべきものではなく、必要経費に含めるべきものである。

❹ 誤り

不動産所得の収入金額は、賃貸借の契約などでその年の１/１～12/31の間に受領すべき金額として確定した金額である。賃料等が未収であっても収入金額に含める必要がある。

正解  ❶

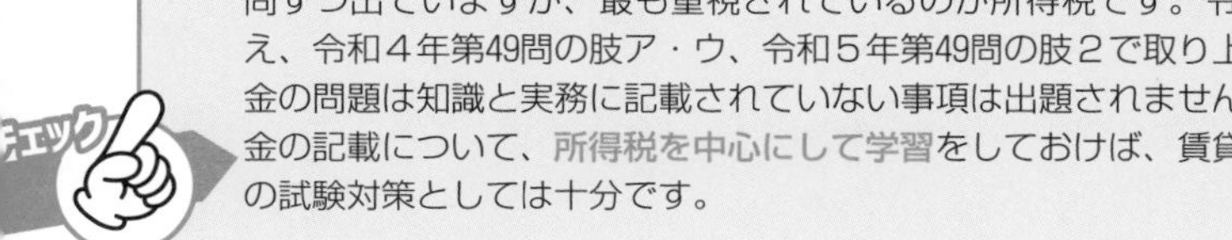

本問は、所得税の問題です。税金は、令和５年に２問、令和４年と令和３年に１問ずつ出ていますが、最も重視されているのが所得税です。令和３年の本問に加え、令和４年第49問の肢ア・ウ、令和５年第49問の肢２で取り上げられました。税金の問題は知識と実務に記載されていない事項は出題されません。知識と実務の税金の記載について、**所得税を中心にして学習**をしておけば、賃貸不動産経営管理士の試験対策としては十分です。

賃貸住宅を巡る社会状況

▶R03　問46（５点免除）　重要度Ａ

賃貸住宅に関する次の記述のうち、誤っているものはどれか。

❶　住生活基本法に基づき令和３年３月19日に閣議決定された住生活基本計画では、基本的な施策として、子育て世帯等が安心して居住できる賃貸住宅市場の整備が掲げられている。

❷　家賃債務保証業者登録規程（平成29年10月２日国土交通省告示第898号）によれば、国土交通大臣は、家賃債務保証業者登録簿を一般の閲覧に供する。

❸　不動産登記において建物の床面積は、区分所有建物の専有部分の場合を除き、各階ごとに壁その他の区画の中心線で囲まれた部分の水平投影面積により計算する。

❹　土地の工作物の設置又は保存に瑕疵があることによって他人に損害が生じたときの損害賠償責任を、賃貸不動産の管理を受託した賃貸住宅管理業者が負うことはない。

❶ 正しい

住生活基本計画（2021（令和３）年３月19日閣議決定、計画期間令和３年度から令和７年度まで）においては、結婚・出産を希望する若年世帯・子育て世帯が安心して暮らせる住生活の実現が計画の目標とされている。

❷ 正しい

家賃債務保証業を営む者は、国土交通大臣の登録を受けることができる（家賃債務保証業者登録規程３条１項）。登録を受けた登録事業者に関する登録簿が一般の閲覧に供されるものとされている（同規程８条）。

❸ 正しい

不動産登記規則には、『建物の床面積は、各階ごとに壁その他の区画の中心線（区分建物にあっては、壁その他の区画の内側線）で囲まれた部分の水平投影面積』によると定められている（不動産登記規則115条）。

❹ 誤っているので正解

工作物責任とは、土地の工作物の設置・保存に瑕疵があり、そのために他人に損害が生じたときに、占有者・所有者が負う責任である。一次的には占有者が責任を負担する（民法717条本文）。瑕疵を修補して損害を防止する立場にあった人が占有者になる。管理業者が安全確保についての事実上の支配をしている場合には、管理業者が占有者になり、工作物責任を負う。

正解 ❹

本問は、不動産についての広い範囲からの基礎知識を問う問題です。令和５年にも、同じような形式で、空き家、住宅セーフティネット、住生活基本計画、不動産業ビジョン2030を、ひとつの問題でアラカルト的に題材にした問題が出題されています（令和５年問48）。もっとも、そこで取り扱われている事項の範囲が広いとはいっても、試験で取り扱われる分野は限られています。ひとつひとつの項目を深く知ることは求められていませんから、過去に出題された分野について、おおよその知識を得ておけば足りるということになります。

法令遵守全般

▶R03　問47（５点免除）　重要度Ａ

管理業務に関わる法令に関する次の記述のうち、最も不適切なものはどれか。

❶　障害者の差別の解消の推進に関する法律で禁止される行為を示した国土交通省のガイドライン（国土交通省所管事業における障害を理由とする差別の解消の促進に関する対応指針。平成29年３月国土交通省公表）は、宅地建物取引業者を対象としており、主として仲介の場面を想定した内容であるため、賃貸住宅管理業者の業務においては参考とならない。

❷　賃貸借契約における原状回復に係る負担の特約は、原状回復ガイドラインや過去の判例等に照らして賃借人に不利であり、それを正当化する理由がない場合には、無効とされることがある。

❸　住宅確保要配慮者に対する賃貸住宅の供給の促進に関する法律に基づき住宅確保要配慮者の入居を拒まない賃貸住宅として登録を受けるためには、国土交通省令で定める登録基準に適合していなければならない。

❹　賃貸住宅の敷地の南側に隣接する土地に高層建物が建設されることを知りながら、「陽当たり良好」と説明して賃貸借契約を成立させせた場合、消費者契約法に基づき、当該賃貸借契約が取り消される場合がある。

❶ 最も不適切なので正解

障害者差別解消法の規制対象となる事業者には、管理業者も含まれる。宅地建物取引業者だけではなく、管理業者もガイドラインの対象となる。

❷ 適切

通常損耗の補修を賃借人負担とする特約については、特約の必要性があり、かつ、暴利的でないなどの客観的、合理的理由が存在する、賃借人が特約によって通常の原状回復義務を超えた修繕等の義務を負うことについて、認識しているなどの要件をみたす場合に限って、効力が認められる。この要件を満たさなければ、特約には効力はない。

❸ 適切

住宅確保要配慮者の入居を拒まない賃貸住宅の登録のためには、登録を受ける空き家等は、構造・設備、床面積、家賃等が、国土交通省令で定める登録基準に適合していなければならない（住宅セーフティネット法８条等）。

❹ 適切

消費者契約法は、消費者に不利益な事実を故意に告げられなかったため、その結果誤認して成約をした場合は、消費者は契約を取り消し得るものとしている（消費者契約法４条）。貸家の南隣にマンションが建設されることを知りながら「陽当たり良好」などと言って販売を行った場合、賃貸借契約は取り消される。

正解  ❶

障害者差別解消法は、障害者の人権を守るための法律です。賃貸住宅管理にも深く関わるので、令和３年と令和５年に出題されています。障害者差別解消法に関しては、国土交通省から、不当な差別的取扱いや合理的配慮の提供の具体例を示した対応指針が公表されています。障害者差別解消法の改正法が令和６年に施行されたこと、および国土交通省から改正法にそった対応指針が示されていることから、令和６年の試験でも、障害者差別解消法が出題されると予想されます。

賃貸不動産経営管理士に期待される役割

▶R03　問48（５点免除）　重要度Ａ

賃貸住宅に係る新たな政策課題に関する次の記述のうち、最も不適切なものはどれか。

❶　賃貸不動産経営管理士は、所属する賃貸住宅管理業者の積極的な指示がある場合に限り、重要な政策課題や新しい賃貸住宅の活用のあり方について制度設計を進め、実際の業務の管理及び監督や実施を担う等により、課題解決に関与する。

❷　賃貸不動産経営管理士が有する賃貸借契約や賃貸不動産管理に関する専門性は、住宅宿泊事業で必要となる専門性と親和性があることから、賃貸不動産経営管理士は、住宅宿泊事業における専門家としての役割を担う資質と能力を有している。

❸　賃貸不動産経営管理士は、空き家所有者に対し賃貸借に係る情報、入居者の募集、賃貸住宅の管理の引受けについて助言や提言をすることにより、空き家所有者が安心して賃貸不動産経営に参画できる環境を整備し、空き家問題の解決のために役割を果たすことが期待される。

❹　賃貸不動産経営管理士は、住宅扶助費の代理納付制度や残置物の処理に係る契約上の取扱い等を貸主に説明することを通じ、住宅確保要配慮者が安心して暮らせる賃貸住宅の提供のための役割を果たすことが期待される。

❶ 最も不適切なので正解

賃貸不動産経営管理士は、今後現れてくる新たな賃貸不動産の活用方策や、新たな課題の解決に向けた取組みにつき、積極的に関与し、協力をすることによって、わが国全体の不動産政策の推進と、それに伴う国民生活の安定向上に貢献することが期待される。

❷ 適切

賃貸不動産経営管理士は住宅宿泊事業等における専門性と親和性があり、住宅宿泊事業等においても専門家としての役割を担う資質と能力を有する者であると考えられる。

❸ 適切

賃貸不動産経営管理士は、空き家所有者に対し、賃貸不動産化による物件の有効活用の助言、賃貸借に係る情報・ノウハウ、入居者の募集、賃貸物件の管理等の引受けなどを助言・提言して、空き家の賃貸化の促進等を通し、空き家問題の解決に一定の役割を果たさなければならない。

❹ 適切

賃貸不動産経営管理士は、住宅扶助費等の代理納付制度や、残置物の取扱いに係る契約上の取扱いなどの賃貸人に対する説明などを通し、住宅確保要配慮者が安心して暮らせる賃貸住宅の提供に一定の役割を果たすべきである。

正解 ❶

賃貸不動産経営管理士は、賃貸住宅管理の専門家として、常に不動産を巡る社会的な課題や、最新の制度を熟知していなければなりません。本問は、賃貸住宅に関する新しい政策課題を問う出題です。肢２では住宅宿泊事業、肢３では**空き家**、肢４では**住宅確保要配慮者**が扱われていますが、いずれも本試験では繰り返し題材とされています（住宅確保要配慮者については、令和５年問48、令和３年問47で、住宅宿泊事業（民泊）については、令和４年問41で、それぞれ扱われている）。細かい知識までは不要だが、制度の趣旨や最新の情報を押さえておくことは必要です。

保　険

▶R03　問49（５点免除）　重要度Ａ

保険に関する次の記述のうち、最も不適切なものはどれか。

❶　保険とは、将来起こるかもしれない危険（事故）に対して備える相互扶助の精神から生まれた助け合いの制度である。

❷　賃貸不動産経営において最も活用される損害保険は、保険業法上、第一分野に分類される。

❸　地震保険は、地震、噴火又はこれらによる津波を原因とする建物や家財の損害を補償する保険であるが、特定の損害保険契約（火災保険）に付帯して加入するものとされており、単独での加入はできない。

❹　借家人賠償責任保険は、火災・爆発・水ぬれ等の不測かつ突発的な事故によって、賃貸人（転貸人を含む。）に対する法律上の損害賠償責任を負った場合の賠償金等を補償するものである。

要点　保険商品の分類

第一分野	生命保険（人の生存・死亡について保険金を支払う）
第二分野	損害保険（偶然の事故により生じた損害に対して保険金を支払う）
第三分野	人のけがや病気などに備える保険

要点　地震保険の概要

地震保険	●地震、噴火、これらによる津波を原因とする建物や家財の損害を補償 ●住宅の火災保険に付帯して加入（単独では加入できない） ●保険金額は主契約の火災保険の保険金額の30～50%以内の範囲 ●建物5,000万円、家財1,000万円まで

❶　適切

保険は、将来起こるかもしれない危険に対し、予測される事故発生の確率に見合った一定の金銭的負担を保険契約者（保険加入者）が公平に分担し、事故に対して備える相互扶助の精神から生まれた助け合いの制度である。

❷　最も不適切なので正解

損害保険は、偶然の事故により生じた損害に対して保険金を支払うものであり、保険業法の分類においては、第二分野に属する。

❸　適切

地震保険とは、地震、噴火またはこれらによる津波を原因とする建物や家財の損害を補償する保険である。損害保険契約に附帯して締結される保険であって単独で付保することはできない。

❹　適切

借家人賠償責任保険は、火災・爆発・水ぬれ等の不測かつ突発的な事故によって、賃貸人に対する法律上の損害賠償を負った場合の賠償金等を補償する保険である。

正解 

保険業法上、保険は３つの分野に分かれます。そのうち、損害保険（偶然な事故により生じた損害に対して保険金を支払う保険）が第二分野です（第一分野は生命保険、第三分野は人のケガや病気などにそなえるためのその他の保険）。この点は試験問題に出しやすいことから、令和元年から令和３年まで、毎年取り上げられており、肢２もこの点を題材にしています。肢３の**地震保険**は、保険を本試験に出すときに毎回取り上げるテーマです。単独での加入ができないこと、保険金額について制約があることが、たびたび取り上げられます。

公的な土地の価格

▶R03　問50（５点免除）　重要度Ａ

賃貸不動産経営の企画提案書の作成にあたっての物件調査や市場調査に関する次の記述のうち、最も不適切なものはどれか。

❶　物件の所在を特定する手段として、不動産登記法に基づく地番と住居表示に関する法律に基づく住居表示とがある。

❷　「事業計画」の策定においては、建築する建物の種類・規模・用途、必要資金の調達方法、事業収支計画の３点が重要な項目である。

❸　公的な土地の価格である固定資産税評価額は、公示価格の水準の６割程度とされている。

❹　公的な土地の価格である路線価（相続税路線価）は、公示価格の水準の８割程度とされている。

要点　公的な土地価格４種類

公示価格	●一般の土地の取引価格に対する指標の提供、公共用地の取得価格の算定規準、収用委員会による補償金額の算定などのため、地価について調査決定し、公表される価格 ●決定するのは土地鑑定委員会
基準地の標準価格（基準地価格）	●都道府県が地価調査を行い、これを公表する制度（都道府県地価調査）によって調査された価格 ●都道府県知事が決定
路線価（相続税路線価）	●相続税・贈与税の課税における宅地の評価を行うために設定される価格 ●国税庁（国税局長）が決定
固定資産税評価額	●固定資産に課される固定資産税を課税するためになされる評価による評価額　３年ごとに評価替え ●市町村長が決定する ●一般には公表されない

❶ 適切

土地の単位は筆であり、土地ごとに番号が付されている。他方で一般に、土地の場所を示すには住居表示が用いられる。地番と住居表示とは異なっている。

❷ 適切

事業計画を策定するにあたっては、建築する建物の種類・規模・用途を確かめ、必要資金の調達方法を相談したうえで、事業収支計画を計算することが重要となる。

❸ 最も不適切なので正解

固定資産税評価額（固定資産税課税標準額）は、固定資産に課される固定資産税を課税するためになされる評価による評価額である。公示価格の７割程度とされている（固定資産評価基準の一部改正（1996（平成８）年９月３日自治省告示））。

❹ 適切

路線価（相続税路線価）は、相続税・贈与税（相続税等）の課税における宅地の評価を行うために設定される価格である。土地基本法第16条の趣旨を踏まえ、総合土地政策推進要綱等に沿って、その評価割合が公示価格水準の80%程度とされている。

正解 ❸

令和６（2024）年度版
賃貸不動産経営管理士過去問題集

2024年５月９日　第１版第１刷発行

編　著　賃貸不動産経営管理士資格試験対策研究会
発行者　箕　浦　文　夫
発行所　株式会社大成出版社
東京都世田谷区羽根木１－７－11
〒156-0042 電話 03(3321)4131(代)
https://www.taisei-shuppan.co.jp

印刷　信教印刷

ISBN978-4-8028-3560-2